もうお金に困らない 50歳からの退職準備

Masahiro Kobayashi
小林　昌裕

PHP
Business Shinsho

PHPビジネス新書

◎注意事項・免責事項

・本書は2023年11月時点の情報をもとに作成しています。掲載されている情報については、今後変更される場合もありますので、あらかじめご了承ください。

・本書で述べる経費に関する判断・解釈は税理士によって異なります。本書の情報に基づいて被ったいかなる損害についても、一切責任を負いません。あくまで最終的な投資の手続き、節税の意思決定は、ご自身の判断でお願いいたします。

はじめに　50代会社員が知らないお金の世界

☑最初にお約束する「三つの未来像」

この本を手に取ったあなたはきっと、何十年もまじめに働いてきた自分の現状に、どこか不安や不満を持っているのだと思います。

数年後の自分について「このままで大丈夫かな?」「何か始めなきゃいけないんじゃ?」と感じているのではないでしょうか。あるいは、「もう会社に行きたくない。早く辞めたい」と切実な思いを持っているかもしれません。

最初にお約束します。この本を読み、実際に行動を起こしたあなたの将来はこうなります。

1年後　会社からの給料以外に毎月8万〜10万円の副収入があり、スマホやタブレットは最新機種。交通費や交際費をお小遣いとは別に使える。妻とのディナーも経費で。

2年後　副業収入は年間200万円ペース。手首には新品の腕時計が輝き、あこがれの高級外車も（中古なら）購入できる。家族で旅行を楽しみ、妻には年に10万円の「ボーナス」をあげて家庭内での株を上げられる。

驚くのはまだ早いです。ここまでは、この本を読んで行動すれば、全員が必ず到達できる場所。あなた自身の、2年後の姿です。その後は、二つの道からどちらかを選ぶことができます。

一つは、副業収入200万円を維持しつつ、今のまま会社員を続けていく道です。実は、200万円の副収入があれば気持ちに余裕が生まれ、会社を辞めたいという思いがなくなる人がたくさんいます。それどころか、心の余裕や副業で身につけた新しいものの見方が武器となり、会社で出世し始める人も珍しくありません。そして会社員を続けていれば、不動産投資という少しレベルの高い副業にも挑戦しやすくなります。

もう一つは、**さらに副業のギアを上げ、いつでも会社を辞められる状態を作る道**です。二つ目を選ぶと、あなたはこうなります。

5年後 年間500万円の副業収入と600万円以上の貯蓄があり、その気になればいつでも会社を辞められる。

「ええ、ほんとに?」と眉唾《まゆつば》に思われたかもしれません。でも、後述する私のセミナーを受講したみなさんのうち、実際に行動を起こした人たちは例外なく1年後には年間100万円、2年後には200万円程度の副収入を手に入れ、5年後にはいつでも自立できる状況を作り上げていています。ですからもちろん、あなたにも必ずできます。

5年後の「あなた」はこうなる

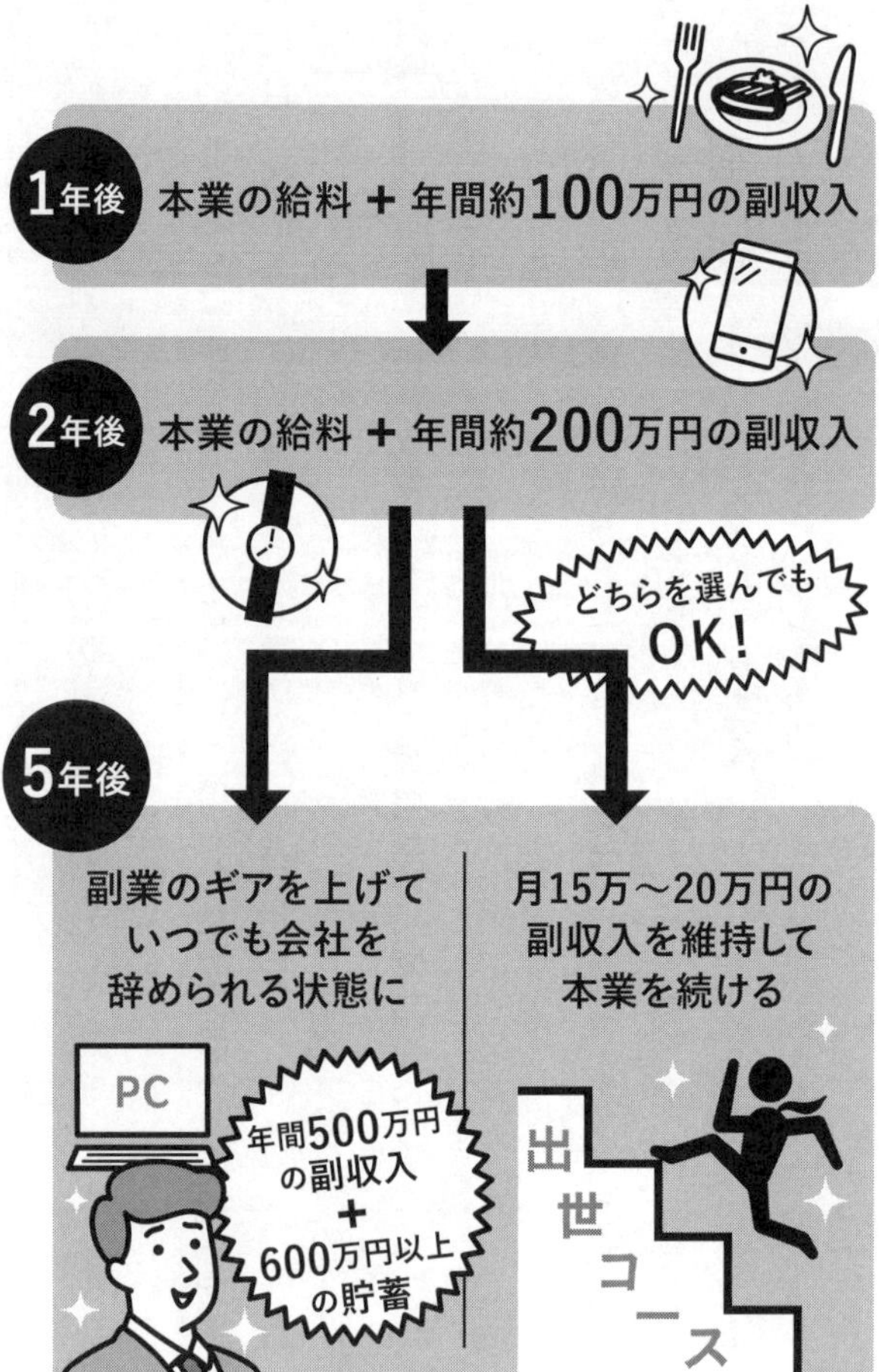
1年後 本業の給料 + 年間約100万円の副収入
2年後 本業の給料 + 年間約200万円の副収入
どちらを選んでもOK!
5年後
副業のギアを上げて
いつでも会社を
辞められる状態に
PC
年間500万円
の副収入
+
600万円以上
の貯蓄
月15万～20万円の
副収入を維持して
本業を続ける
出世コース

☑副業は「好き」ではなく「稼げる」で選ぶ

年間200万円の副業収入があれば、会社の外の世界が広がり、まず精神的に会社から自由になれます。そして**年間500万円の副業収入があれば、「生活のために仕事をする」必要がなくなります。逆に言えば、「お金のためではなく、好きなことを仕事にできる」ということです。**

ここで大切にしてほしいのは、「副業で収入を確保する」→「好きなことを仕事にする」という順番です。多くの人は、「好きなことを副業にして、収入を得たい」とか、「会社を辞めて夢を叶えたい」といった考え方を持っています。

好きなことを仕事にする、というのはすばらしいことです。起業モノの本などでも、「好きを仕事に」といったキャッチフレーズはよく見かけます。ただ、副業を始めるときに重要なのは、「好きかどうか」ではなく「稼げるかどうか」です。

私が副業についてみなさんに伝えるときに大切にしているのが、「**再現性**」です。

再現性というのは、「誰かが成功したことを、他の人がやったときに成功する確率がどれくらい高いか」ということです。私がみなさんにおすすめする副業は、再現性が高いものを厳選しています。つまり、過去に多くの成功例があり、それをやれば成功する可能性が極めて高いということです。

みなさんの中には「コーヒーが大好きで、自分のカフェを構えたい」と考えている人がいるかもしれません。実際にその道で成功している人もいらっしゃいます。

しかし、「カフェを開いて成功する」という前例は、再現性が高くありません。

中小企業庁のデータによると、新たにオープンした飲食店の70%以上が3年以内に、90%以上が10年以内に廃業しています。これではとても、副業としておすすめはできません。ましてや、会社を辞めて転身するのはリスクが高すぎます。

なので、**起業を夢みている人であっても、まずはこの本でおすすめする副業で年間500万円を稼げる状態を作っていただきたい**のです。そのベースを持った上で、自分の好きなことに挑戦すれば、失敗しても生活に困ることはありません。お金のために働かなくていい、というのはそういうことです。

☑40代以上で「本業頼み」は危険

ここで、ちょっとだけ私の自己紹介をさせてください。

私はメーカーに勤めていた26歳のとき副業を始め、32歳で副業の総収入が1億5000万円を超えるという経験をしました。その後サラリーマンを辞め、現在は不動産投資など様々な事業を手がけると同時に、日本初の副業の学校である副業アカデミーでみなさんに副業のノウハウをお伝えしています。

アカデミーの門を叩いていただけるのは、書籍やインターネットなどで副業の情報を集めている方々が大半です。実際にもう副業をスタートさせている方もたくさんいます。でも実は、**現在50代以上の会社員や公務員のみなさんは、「副業なんて考えたこともない」という方が大半を占めています。**

私も以前はそうでした。そして、副業を始めてみたら、人生が変わりました。誤解される方が多いのですが、私はものすごい切れ者でも、特別なスキルを持っているわけでもありません。あるとき、サラリーマンだけを続けている自分の将来に強い不安を抱き、副業の大切さに気づき、その楽しさにのめり込んだだけの、ごく普通の人間です。

会社や組織に勤めてまじめに働いているものの、それ以外には収入の道を持っていない40～50代のみなさん。私はみなさんにこそ副業の重要性、副業で得られる様々なメリットをお伝えしたい、定年を迎えるまでに「お金と働き方」について改めて考えてほしいと思い、この本を上梓することを決めました。

さて、先ほど、私はみなさんに「副業で年間２００万円または５００万円を稼げるようにします」とお約束しました。ただこれは、みなさんがこの本を読み、実際に行動を起こしてくださることが前提です。

大変残念なことに、副業について私が一生懸命ご説明しても、行動に移してくださらない方が必ずいます。そういう方は、「副業はしんどそう」「自分はまぁいいかな」「もう若くないし、いまさら副業なんて」などと、ご自身の現状になんとなく納得しているのかもしれません。とくに40代、50代と年齢が上にいくほどその傾向が強くなります。

しかし、それは間違いです。**40代以上のサラリーマンが何も副業をしないことは、すでに大失敗、本業だけに頼るのはリスクだと断言できます。**

☑ チェックで判定！　あなたの「失敗度」テスト

ではここで、みなさんにご自身の現状をチェックしていただきたいと思います。次のチェックシートの、当てはまる項目にチェックを入れてみてください。

5個以上は「大失敗」状態
あなたの「失敗度」判定テスト

- □ 収入は本業(勤め先)からの給与のみ
- □ 株や投資信託への投資はやっていない
- □ 自宅は郊外の持ち家や分譲マンション
- □ 生命保険料を月3万円以上払っている
- □ 子どもの教育費に年間100万円以上かかっている
- □ 配偶者や子どもから愛されていると感じない
- □ 行きつけのスナックなどでは好かれている
- □ 競馬などの公営ギャンブルやパチンコが好き
- □ 上記のギャンブル以外には熱中できる趣味がない
- □ 家に帰るのが楽しみと感じない

【判定】

5個以上 :大失敗状態
今すぐ行動を起こさなければ大変なことに!

3～4個 :失敗状態
このままでは幸せな退職後は訪れません。

2個以下 :副業でもっと豊かになりましょう。

いかがでしたか？　**5個以上の項目にチェックが入ったあなたは、残念ながら現状、ものすごく失敗している人です**。今すぐ行動を起こさなければ、大変なことになります。

3～4個だったあなたも、安心できる状況ではありません。幸せな退職後を送るためには、準備が全く足りていません。

2個以下だったあなたは、ある程度の準備ができている状態ですが、より豊かで魅力的な毎日を目指すために、この本を読んで自分に足りていない準備を補ってみてください。手元にある程度の資金がある方は、第4章で勤め先に副業がばれない方法を学び、第5章に進んでいただいてもかまいません。

リスク❶　「60歳定年」は7割超、収入は4～6割減に

先ほども少し触れましたが、この本を読んでいる方は「給料は会社からもらうもの」と思っている方が多いでしょう。でも、それは間違いです。会社からの給料だけで生活しているあなたの人生は、すでに失敗しています。

あなたは会社でしっかりと実績を残され、取引先や後輩のみなさんからも一目置かれている立派な社会人なのだと思います。そんな方に、私のような若造が「失敗しています」と決めつけるのは大変失礼なことかもしれません。でも、**退職後に向けて「何もしていない人」は、今の日本においてはものすごくまずい状態にあるのです**。

そう断言できるだけのリスク要因をいくつか説明していきましょう。

まず、老後の生活費として多くの人が期待している公的年金ですが、その受給開始年齢はみなさんもご存じの通り、最も早くて65歳からです。

一方、2022年の「厚生労働省就業状況総合調査概況」によると、定年を定めている企業（全体の94・4％）のうち、65歳定年制を導入している企業は21・1％しかなく、なんと**72・3％は60歳定年制となっている**という結果でした。

60歳定年制の割合は、前回調査（2017年）の79・3％からやや減ってはいるものの、今なおほとんどの会社員は60歳で定年してから、年金受給まで5年間のブランクがあることになります。

「高年齢者雇用安定法」は企業に対し、希望者が65歳まで働けるようにすることを求めています。ただ実際には、定年後は嘱託勤務や給与体系の違う新たな雇用契約に切り替える企業がほとんどです。

日経BPコンサルティングが2021年に行った調査によると、定年後の年収は「定年前の6割程度」という人が20・2%で最も多く、次いで「5割程度」が19・6%、「4割程度」が13・6%という結果でした。つまり過半数（53・4%）の人は定年後、それまでより年収が4～6割も減ってしまうのです。

そう、おそらくあなたもです。

リスク❷ 受け取れる年金は4割減って13万円？

年金が受け取れるようになっても、実際に受け取れる金額は将来、大幅に目減りする可能性があります。

厚生労働省「2019年財政検証結果」によると、2019年度の所得代替率（現役世代の男性の平均的な所得に対して年金がどれくらい支払われるか）は約62%だったのに対し、計算上は将来的にはこれが36～38%まで低下する可能性が示されています。

仮に現役世代の収入が変わらないとして、受け取れる年金の額は2020年の月額約22万円から、約13万円まで低下する可能性があるのです。実に4割以上も減ることになります。

月13万円はなんと、現在の生活保護の支給額（東京都心・一人暮らし）よりも低い水準です。あなたは月13万円で生活できますか？　賃貸にお住まいのご家庭は家賃さえカバーできるか怪しいのではないでしょうか。

しかもこれは「年金制度は大丈夫ですよ、みなさん支払ってくださいね」とアピールしたい立場である厚労省の試算です。中身をよく見ると、現役世代の賃金がずっと上がり続ける前提になっているなど試算の条件に甘さも目立ち、この悪夢のような数字でさえ実現できるか怪しいものです。

リスク③ ラーメン1杯＝1800円の時代に突入！

年金の減少に追い打ちをかけるのが、物価の高騰です。近年ガソリンや電気・ガス料金を中心に物価が高騰しているのは、円安が原因です。

円安には様々な理由がありますが、最も大きいのは日本政府が巨額の借金を重ねてきた結果、根本的に日本と日本円という通貨への信用が失われていることが大きいと考えられています。**日本は世界中から「こいつら大丈夫か？」と思われている**わけです。

しかも、コロナ禍で状況は大幅に悪化しています。政府はコロナ禍の中、飲食店や企業への補助金や無利子・無担保融資、国民への給付金ばらまきなどを国債（借金）でまかないました。元々借金まみれのところに借金を重ねた結果、２０２０年度は国家予算の56・3％を借金でまかなうという状況になっています。東日本大震災からの復興のとき（２０１２年度）でさえ48・9％ですから、どれほどむちゃくちゃな状況かわかると思います。国の財政が破綻する「日本崩壊」も絵《え》空事《そらごと》ではありません。

資源の少ない日本は将来にわたってエネルギーや食品、資材など様々なものを輸入に頼らざるを得ません。日本が世界からの信頼を取り戻せず、円安による物価上昇が慢性的になったとしたらどうなるか。

仮に年3％の値上げが20年続けば、1杯1000円のラーメンは1800円になってしまう計算です。

受け取れる年金が激減する中、物価まで上がってしまっては幸せな老後など夢のまた夢。このままでは、あなたを待っているのは日々の食事にも、住む家にさえも困窮する極貧の未来です。

リスク❹ 現役のうちに備えたいが……手取りは激減中

将来に不安があるからこそ、現役で働けるうちにお金を貯めておきたい。そう考えるのは当然ですが、**実は会社員の手取り収入は減り続けています。**

国税庁「民間給与実態統計調査」によると、２０２１年の平均給与は４４３万円で、

30年前の446万6000円から3万6000円減っています。

しかも厚労省の調査によると健康保険料、厚生年金保険料、介護保険料の負担額（給与500万円の場合）の合計は、この30年間で20万円も増えています。

これらの保険料率の引き上げは足元でも続いています。2023年4月には健康保険料が引き上げられ、介護・年金を合わせた社会保険の料率は過去最高の29・35％に達しました。借金まみれの国の財政状態を考えると、給与から天引きされる税金も今後さらに上がっていくことが確実です。

給与は上がらず、天引きされる保険料と税金は上がり続ける。そして物価も上がり続けるという状況では、現役のうちに貯金して将来に備えるのも簡単ではありません。

リスク⑤ お金だけでは済まない退職後の苦しさ

会社員のみなさんが、何の準備もせず会社でだけ働き続けて、幸せな定年後を迎えられる可能性はほとんどないということがおわかりいただけたと思います。

ただ、**退職後の苦しさは、金銭面だけではありません**。

日常生活にも困るような状態に加え、毎朝行くべき場所も、前向きな気持ちで取り組めるやりがいもない毎日を想像してみてください。

あるいは生活のために、自分より若くて性格の悪い上司がいる職場や、自分には合わない肉体労働の職場に勤めるしかない日々を想像してください。しかもそれは、あなたが亡くなるその日まで続くかもしれないのです。

十分な準備もできていない状態で今の勤め先を辞めてしまったら、さらに悲惨な現実が待ち構えています。金銭面でも、それ以外の面でも、ここまで書いてきたような地獄のような日々がすぐに始まり、ずっと続くのです。

それだけは、絶対に避けなくてはなりません。では、どうすればいいか。

最低限、あなたと家族が幸せに暮らせるだけの収入を会社や勤め先に頼らず自分の力で確保しておくことです。会社を辞めるのは、それからです。

自分の力で収入を確保できていれば、定年後まで嫌な上司や同僚と我慢して付き合ったり、自分に合わない仕事を嫌々続けたりする必要はありません。

収入を気にする必要がなければ、やりがいや居場所を求めてＮＰＯやボランティア活動に精を出したり、あえて若い人と一緒にアルバイトをして若返った気分を味わったりすることも楽しめます。孫の面倒をみる「イクジイ」に全力投球するのも楽しそうです。

☑ さぁ、準備を始めましょう！

今、そしてこれから起こりうる「リスク」を五つ挙げました。

不安を覚えた方も大丈夫です！

今の自分に危機感を持ち、この本を手に取ったあなたは、何もしないという「最大の失敗状態」から一歩抜け出すきっかけをつかんだことになります。

このあと、**第１章**ではまずあなたが「副業収入でやりたいこと」を書き出していただき、それを実現するために3段階で目標を設定します。
第2章では、あなた自身の現在の経済状態を把握し、5年かけて600万円の貯蓄を作る方法を学びます。今の勤め先の給料から300万円、副業収入から300万円を積み立てることになります。
続く**第3章**では、具体的にどんな副業の候補があり、あなたには何が向いているのかをお伝えします。**第4章**では、経費で「やりたいこと・欲しい物」を手に入れつつ、会社に副業がばれるのを防ぐ「透明マント」の入手方法を学びます。
最後に**第5章**では、5年かけて貯めた600万円を元手に投資を行い、副業の規模をさらに拡大させていく方法をお伝えします。
それではいよいよ、会社に頼らなくても生きていける自分になるための準備を始めましょう。
大丈夫。1年後のあなたは、今とは別人ですから!

CONTENTS

もうお金に困らない
50歳からの退職準備

はじめに

50代会社員が知らないお金の世界

第1章

目標を立て、第一歩を踏み出そう

「1年後、副収入100万円」を実現するための3ステップ

第2章

600万円の貯蓄でリスクと飛躍に備える

無理せず5年でクリアする必勝プラン

第3章

自分に合った副業で稼ぐ

人生後半の成功を約束する「七つの副業」

第4章

今すぐ会社を立ち上げろ！

定年後の身を助ける3大メリット

第5章

不動産投資で収入と資産を拡大する

人生後半をラクにする「マンション一棟買い」

図版：桜井勝志（アミークス）
編集協力：上栗崇（株式会社PLUGGED）
校正：槇一八
編集：大隅元（PHP研究所）

第1章

目標を立て、第一歩を踏み出そう

「1年後、副収入100万円」を実現するための3ステップ

☑「やりたいこと」と必要なお金を把握しよう

お金の悩みから解放されたい。会社を離れて自由に生きたい。多くの人が持つそんな願いを叶えるのが本書の役目です。

とはいえ、やりたいことや欲しい物は人それぞれ。まずは、あなた自身がどんな希望を持っており、そのためにはどのくらいのお金が必要になるのかを把握してみましょう。

この本では、みなさんがご自身の現状と進むべき道を知るために、いくつかのワークシートをご用意しました。これらは本にも掲載してあるのですが、私のホームページに入力用のシートをご用意しています。ぜひご利用ください。

■読者限定特典専用ページ

https://landing.fukugyou-academy.com/50sai/

※ＤＬにはメールアドレスの登録が必要です。

早速、**【ワークシート❶】**に取りかかりましょう。書き込むことはいたってシンプル。**今後2年以内に、副業収入を使って、あなた自身がやりたいこと・欲しい物と、家族のためにやりたいこと・欲しい物を思いつくままに書いてみてください。そして、実現に必要な金額を書いてみてください**（先述のホームページに入力していただければ、わざわざ電卓を叩かなくても自動計算されるようになっています）。

何を書いてももちろん自由ですが、これは「宝くじで6億円が当たったら」とか「もし億万長者になったら」といった質問ではありません。「あなた自身が副業で稼いだお金で、何がやりたいか、何が欲しいのか」を書いてください。

あまりにも現実離れしたことを書くと実現までの道筋が見えにくくなるかもしれません。高い目標を持つのはいいことですが、たとえば「プライベートジェットが欲しい」を実現するには、購入費で50億円、維持費で月1000万円クラスのお金が必要と言われています。副業でこの金額を稼ぐのは一般的には極めて至難です。

ワークシート❶

「2年以内に」「副業収入で」やりたいこと・欲しい物は？

自分のためにやりたいこと・欲しい物	必要な金額
	万円
	万円
	万円
	万円
	万円
	万円
	万円
	万円
	万円
	万円
家族のためにやりたいこと・欲しい物	**必要な金額**
	万円
	万円
	万円
	万円
	万円
	万円
	万円
	万円
	万円
	万円
合計	万円
月々の必要額	万円

みなさんとは、1年後に副業収入100万円、2年後に200万円、そこからギアを上げた人は5年後に500万円というお約束をしました。書いていただくのは「2年以内にやりたいこと・欲しい物」なので、まずは**合計100万～200万円前後**という金額を意識していただくといいと思います。

とはいえ、「欲張りすぎず、100万円以内に収めておこう」とか、「200万円を超えたから、これは外そう」などと項目を減らす必要はありません。思いついた希望を、素直に書いていただいて大丈夫。100万～200万円は、目標が遠くなりすぎないようにするための、あくまで目安です。

☑「欲しい物」の値段を正確に把握する

そうそう、目標をより具体的にするためにも、**漠然とした使い道ではなくて、できるだけ具体的に「これが欲しい」と決めて、それがいくらで買えるのかを調べるようにし**

てください。

たとえば買いたい物なら、具体的な商品名まで決めて、アマゾン等で価格を調べる。旅行なら行き先と人数を決めて、旅行サイトで料金を確認してみる。そんな風に、できる限りリアルな金額を書くようにしてください。

ここで頭に描き、値段を調べたときの具体的なイメージが、今後副業をスタートさせるあなたの気持ちを奮い立たせてくれるはずです。

なお、旅行やレジャーのように1回あたりいくら、という形でお金がかかるものの場合は、年に何回その支出があるかを考え、1年間でいくらかかるかを計算して記入してください。「1回2万円を毎月」なら合計24万円になりますね。

ワークシートに金額を入力すると、合計額と、そのためには月々いくら稼ぐ必要があるかが計算できます。**あなたが将来、副業（あるいは、そのときには会社を辞めて本業になっているかもしれない仕事）で月々の目標にするべき「副業収入」が見えてきます**。

☑あなたの希望を叶えられる副業収入は？

さぁ、記入は終わりましたでしょうか。みなさんのワークシートが一体どんな内容になったのか、大変興味があります。本当ならば、お一人お一人のワークシートを見せていただき、その内容に沿って今後のお話をさせていただきたいところですが、本書ではそういうわけにもいきません。

そこで、過去にアカデミーを受講した方の実例をもとに、二人分の記入例（40ページ）をご用意しました。こちらをもとにお話を進めていきます。ご自身の合計額がおいくらだったかを頭に置きながら読み進めてください。

まずお一人目、**浜崎さんの合計額は102万円（年間）**でした。この方は釣りが趣味なんですね。腕時計やスニーカーでご自身の魅力を高めつつ、ご家族のこともしっかり考えておられるようです。きっとかっこよくて頼りになるお父さんなのでしょう。合計

「2年以内に」「副業収入で」やりたいこと・欲しい物は？

浜崎さんの記入例

自分のためにやりたいこと・欲しい物	必要な金額
腕時計	20万円
月に1回、趣味の釣りに行く（1回2万円）	24万円
電動リール	5万円
限定品のスニーカー	3万円
家族のためにやりたいこと・欲しい物	**必要な金額**
ドラム式洗濯機	20万円
家族でハワイ旅行	30万円
合計	102万円
月々の必要額	8.5万円

猿谷さんの記入例

自分のためにやりたいこと・欲しい物	必要な金額
ポルシェ・カイエン（中古）	200万円
最新のドライバーとアイアンセット	12万円
ゴルフスクールに通う（月謝3万円）	36万円
家族のためにやりたいこと・欲しい物	**必要な金額**
夫婦で月1回ゴルフコースへ（1回3万円）	36万円
季節ごとに夫婦で高級寿司店へ（1回5万円）	20万円
合計	304万円
月々の必要額	25.3万円

額が102万円ということは、毎月8万5000円ペースで稼ぐ必要があります。みなさんが最初に置く目標として、非常にいい水準となります。

もうお一人、猿谷さんの合計額は**304万円（年間）**でした。最初にお示しした200万円からはだいぶはみ出していますが、こういう方はえてして副業にしっかりと向き合い、あっという間に目標額を達成してしまうことが多い印象があります。ご夫婦で仲良くゴルフやドライブデートを楽しまれる様子が想像できますね。

猿谷さんの思いを実現するには、月々の副業収入を25万3000円にする必要があります。まだ副業を始めてもいないみなさんにとっては高すぎる水準に感じるかもしれませんが、そんなことは全くありません。十分に実現可能です。これから一緒に、実現するための方策を学んでいきましょう。

☑「子どものお小遣い感覚」を抜け出そう

さて、もう一度確認です。ここで**【ワークシート❶】**に書いたのは、「副業で稼いだお金でやりたいこと・欲しい物」でした。

たった今、あなたのお金についての考え方に地殻変動が起きたことに、ご自身でお気づきでしょうか？　**みなさんは今、長年どっぷりと浸かってきたサラリーマン的な金銭感覚から、一歩抜け出したところなのです。**

みなさんは今まで、会社からもらうお給料の範囲内で、「何にいくら使えるか」を考えてきました。ランチ代も、洋服代も、光熱費も、家賃や家のローンも、家族のための生命保険料も、子どもの教育費も、全てです。

収入がいくらだから、いくらまでしか出せない。これを出すためには、あっちを削らなければいけない。お金がないから、あれは諦めるしかない——。

このような経済感覚はもちろん必要不可欠なものであり、どんなに高収入になっても忘れてはいけない基本的な考え方です。大企業でも、限られた資金をどう使うかという「選択と集中」は経営の基本です。

ただ一方で、**この考え方はあまりにも基本的すぎます**。誤解を恐れずに言うならば、それでは小学生がつけるお小遣い帳と変わりません。いえ、それ以下かもしれません。

次にお示しするのは、小学5年生の勝男君のひとりごとです。小学生のころ、お小遣い帳をつけていた方は当時のことを思い出しながら、つけていなかった方は小学生のころの自分の気持ちを想像しながらお読みください。

勝男「僕の月々のお小遣いは3000円。5000円のゲームソフトを手に入れるため、今月と来月は2500円ずつ貯金するぞ。そのためには駄菓子屋で買うお菓子も、友だちとやる1回50円のゲームもお預けだ。つらいけどしょうがない……」

これが、昨日までのあなたです。多くのサラリーマンは、こうやっていろんなことを諦めて生きてきました。でも。サラリーマン感覚がまだ染みついていない勝男君は、実はこう考えるかもしれません。

☑「足りないなら稼げばいい」で新しい人生を

勝男「いや、待てよ？　ここは一つ、お父さんの将棋の相手をして**1回500円のお小遣い**をねだってみたらどうだろう。あっ、来週のゴールデンウィークは親戚の家に行くじゃないか。あの家の庭の雑草取りをやったら**3000円くらいお小遣いが**もらえるぞ！　なんだ、お菓子もゲームも我慢しなくていいじゃないか♪」

お小遣いだけでは欲しい物に手が届かないとき、子どもには別の道を探る自由な発想がありました。臨時のお小遣い、お年玉、誕生日、クリスマス、親に何らかの条件を付けてのおねだり。「テストで100点取ったら○○買って？」なんていうおねだりをした記憶、ありませんか？　私の知人の編集者は小学生のとき、雑誌の読者プレゼントでもらったテレホンカードを祖母に売って現金を手に入れたことがあるそうです。みなさんにもそんな柔軟な時期があったはずです。

でも大人になり、会社に勤めるようになってからは「サラリーマンにはそんなものはない。ボーナスだって、妻に渡すものだし」と思い込んできました。

お金は、会社からもらうもの。月々の給料と年1、2回のボーナスで、全ての支出をまかなう。それしかない、それが大人というものだ――。そう長年信じてきたあなたが今、違う世界に踏み出そうとしています。

「**足りないなら、稼げばいいじゃないか！**」

そうです。そこに気づいたあなたは今、確実にこれまでとは違う人生を歩み始めようとしているのです。

目標設定〈step1〉

1カ月以内に1万円稼ぐ

足りないなら、稼げばいい。ワークシートに欲しい物を記入していただいたのは、副業を持つことで手に入るお金の価値を、はっきりと意識するためです。この課題をクリアしたのですから、あとはそれをどう実現するかです。

実現のために必要な次のステップは、「目標設定」です。本書では、近いところから3段階で目標を設定します。

大切なのは、今達成可能な目標に向かって、全力を尽くすこと。ですので、**ここで定めた目標は、紙にしっかりと書いて（ワードやパワーポイントに書いたデータを印刷するのもOK）、あなたが毎日必ず目にするところに貼っていただきます。**

家に自分のデスクがあればその目の前でもいいですし、毎朝着替えをする洋服ダンスの扉でもかまいません。物理的に紙を貼るのではなく、パソコンのデスクトップや、スマートフォンの待ち受けにしていただいてもかまいません。詳しい書き方は、目標を決めたところ（48ページ）でお伝えします。

第1段階は、この本を手に取り、今この章を読まれている方全員に、共通で達成していただく目標です。

副業収入 1カ月以内に1万円

これが、あなたにとって最初の目標です。今日、この本を読んでいる今から1カ月以内に、副業で1万円を稼ぎます。稼ぎさえすれば、実際の振り込みが先になっても問題ありません。大丈夫。具体的なやり方は第2章でしっかりとご説明します。まずは目標を設定する大切さを本章で実感していただければOKです。

第2章の内容のほんの一部をご紹介すると、**一番簡単なのは、メルカリで不用品を売る**、というやり方です。将来的に大きな収入源となる物販事業にもつながるおすすめ副業の一つです。外で体を動かすのが好きな人は、ウーバーイーツの配達員をやってみるのもいいでしょう。こちらも隙間時間を簡単にお金に換えていけるので、ぜひやってみていただきたい副業の一つです。

他にも様々な副業候補をご紹介しますので、お楽しみに。

☑目標をＴｏＤｏリストに落とし込もう

目標を決めたら、その達成のために何が必要かを具体的に決め、「ＴｏＤｏリスト」を作っていきます。それぞれの項目には、「いつまでにやるか」も書き添えます。

たとえばメルカリで物を売って1万円稼ぐ場合、もしあなたがまだメルカリに登録していなければ、ＴｏＤｏリストの最初の項目は「メルカリに登録する」。時期は「今すぐ」です。

逆に、あなたがすでにけっこうメルカリをやっていて、「家には1万円分も不用品がないぞ」という方は、1万円の利益を出すために商品を仕入れる必要があります。稼いだ額とは、収入から仕入れ代金を除いた利益のことです。

これも第2章で具体的に説明していますが、たとえばメルカリでは5000円で売れているのに、実は別のサイトでは1500円で買える商品というのが世の中にはたくさんあります。それが見つかれば、三つ仕入れて販売すれば、約1万円の利益です。

この場合、ToDoリストのトップは「メルカリで見込みのある商品を探す」になるでしょう。行う時期は当然、「今すぐ」ですよね。

手っ取り早く1万円を稼ぐだけなら、ウーバーイーツがぴったりです。この場合、リストの一つ目は「ウーバーのサイトからアカウント登録する」になります。

必要書類を送ったり、銀行口座を登録したりしてアカウントが有効になれば、すぐに仕事ができます。実際に働いている人の感覚として、「時給1500円程度」という方が多いようですから、たとえば平日の終業後や休日の昼食の時間帯に3時間働くとすれば、3日ほど仕事をするだけで経費を引いても約1万円の利益を上げられる計算です。

「ToDoリスト」の作成例

目標①　1カ月後に副業収入1万円

ToDoリスト（いつまでにやるか？）

- ウーバーのサイトからアカウント登録（今すぐ）
- 必要書類、写真などをオンラインで送る（3日以内）
- 配達員用のアプリをダウンロードする（登録後すぐ）
- 配達用のバッグを購入する（登録後3日以内）
- 実際に配達をやってみる（登録後1週間以内）

「ToDoリスト」と「いつまでやるか」はできるだけ具体的に書くようにしてください。

ToDoリストを作り、実行することこそ、「最初の一歩を踏み出すこと」です。今まで副業をしてこなかったみなさんがこの一歩を踏み出すことさえできれば、「足りなければ稼げばいい」という感覚を、はっきりと自分自身のものにできるはず。一歩目が踏み出せれば、二歩目、三歩目はそれよりずっと簡単に足が出ます。

副業を始めた方の多くに共通するのは、「副業収入は加速度的に増えていく」ということです。

最初の一歩が一番つらい。二歩目、三歩目もまだまだつらい。でも少しずつ勝手がわかり、コツをつかむことができ、ご自身で工夫や勉強や情報収集ができるようになるので、どんどん収入が増えていきます。「副業収入は加速度的に増えていく」。これを忘れないでください。

1カ月後、あなたはサラリーマンになって初めて、副業で稼ぎ出した1万円を手にしています。一体どんな気持ちになるのか、今はまだ想像がつかないでしょう。一つだけ確かなのは、その1万円が、あなたを大きく変える黄金のカギになることです。

目標設定〈step2〉
半年後に月5万円稼ぐ

続いての目標、第2段階も、この本では全員共通で設定することにしました。

副業収入
半年後に月5万円

今から6カ月後の1カ月間。今この本を読んでいるのが1月1日なら、7月の1カ月間に、副業で5万円を稼ぐ。これが第2段階の目標です。

この目標を聞いて、どう思われたでしょうか。「自分にできるかな?」と不安に感じた方もいるかもしれませんが、実はこの5万円は「ちょっと低め」の目標です。生まれて初めて副業をするみなさんですから、やってはみたけど「この仕事は自分に合わないなぁ」ということもあるかもしれない。その場合は、別の仕事にトライすればいいと思います。

また、最初のうちは本業と副業をうまくバランスさせることが難しかったり、本業がちょうど繁忙期に当たったりして、副業にうまく時間を割けないことがあるかもしれません。そういう方にも、**「あぁ、ダメだった」とならずに達成していただけるであろう目標として、半年後に月5万円という数字を設定しました**。

「1カ月後に1万円」という最初の目標を達成したと想像してみてください。5万円は、その5倍です。どうすれば5倍の収入が得られるか。たとえばウーバーのような仕事なら、働く時間を5倍にするという道が考えられます。効率よく稼げるコツを見つければ、実働時間は3倍くらいでいけるかもしれません。

メルカリでモノを売るなら、売り上げを5倍にする必要があります。商品を増やす必要があるかもしれませんし、もしすでに売れる商品が見つかっていれば、仕入れを5倍にすればいいわけです。そうなれば、最初に稼いだ1万円が、仕入れ原資として役に立ってくれそうです。

☑組み合わせて稼ぐ「複副業」のススメ

複数の副業を組み合わせるというやり方もおすすめです。言ってみれば、「複副業」です。

「はじめに」で私は「副業は好きかどうかではなく、稼げるかどうか」とお伝えしました。ただ、「稼げる副業」の中にも、みなさんお一人お一人にとって「合うか合わないか」はあります。

当然ですが、合わない副業よりは自分に合う副業をやったほうが、楽にいい結果が出ます。そういう意味で、最初のうちはいろんな副業にチャレンジしてみるのもいいと思います。

このように、**「5万円稼ぐには」という命題を真剣に考え、新しいＴｏＤｏリストを作ります**。次のターゲットをものにするために、やるべきことを洗い出す。だんだんこの作業が楽しくなってくると思います。

実際には、半年後を待たずに5万円を達成できる方もたくさんいらっしゃるでしょう。そういうときは、低すぎた目標に縛られる必要はありません。決めた目標を前倒しで達成できたときは、次の目標達成までの時期を前倒しして、新しい目標を設定します。手応えがつかめているなら、先の目標をさらに高いところに置き直すのもいいと思います。

くれぐれも、〈ｓｔｅｐ１〉と同様に、目に見える場所に目標を書いた紙を貼っておくのを忘れないように。

新たに目標を設定したら、現時点で決めてある近々の目標について、またＴｏＤｏリストを作成していきます。**目標を立て、ＴｏＤｏリストを作る。**このサイクルで、副業収入を増やしていくのが基本的なスタイルです。

目標設定〈step3〉1年後に年100万円ペース

続いて、第3段階です。ここは人によって多少違いが出てくるところですので、ご自身が記入した【ワークシート❶】で、合計額がいくらだったかを思い出しながら読み進めてください。

3段階目は、1年後。最初にお約束した通り、この時点でみなさんが副業で稼ぐ力は「年間100万円」です。100万÷12＝約8万4000円。したがって、基準となる目標は左記の通りとなります。【ワークシート❶】の合計額が100万円に満たなかった人は、この数値を第3段階の目標に設定しましょう。

Ⓐ副業収入 1年後に月8万4000円（年間100万円）

ただ、記入例（36ページ）で合計額が102万円だった浜崎さんのように、合計額が100万～120万円程度だった方は、ワークシートの数値をそのまま目標にすることをおすすめします。具体的な理由に裏付けされた金額を目標に置くことで、よりリアルにご自身の目標を叶えるイメージを持っていただくことができます。

最初にお約束したよりもさらに高い目標となりますが、記入したときの気持ちを思い出し、それを実現した自分の姿を思い描くことで、プラスアルファの力が出るはずです。

一方、記入例の猿谷さんのように、合計額が100万円を大きく上回っている人は、副業に向き合うエネルギーが大きい人だと思います。そういう方は、私がお約束した「1年後に年間100万円」という目標に縛られる必要はありません。「俺はやれる」と思われる方は、自由に目標を定めていただいて問題ありません。

とはいえ、いきなり猿谷さんの合計額である304万円、毎月25万3000円を1年後の目標に置くのはちょっと無理があると感じる人も多いと思いますので、目安としては、**合計額が120万円を超えている人はいったん月10万円（年間120万円）を目標にしてはいかがでしょうか。**

Ⓑ副業収入

1年後に月10万円（年間120万円）またはそれ以上

まとめると、第3段階の目標設定は二つのパターンに分かれます。いずれも、達成時期は「1年後」です。

Ⓐワークシートの合計額が100万円前後の人＝月8万4000円（年100万円）
Ⓑ合計額が120万円超の人＝月10万円（年120万円）またはそれ以上

あなたはどれに当てはまったでしょうか。もちろん、合計額が120万円超だった人でも、「本業も忙しいし、自信がないなぁ」と思われるなら、目標額を「月8万4000円（年間100万円）」に引き下げてもかまいません。**大切なのは、自分で目標を決め、それを実現するために最大限の努力をすることです。**

何度も言う通り、目標を前倒しで達成できれば、その時点で目標を設定し直せばいいのです。ぜひ、1カ月でも早く目標を達成して、「俺には低すぎる目標だったなぁ」とかっこよくつぶやいてみてください。あなたなら、きっとできます。

☑紙に書いた「目標」を毎日見つめて脳に刻み込む

さぁ。ここまででみなさん全員が、第3段階までの目標を設定し終えたはずです。そして、第1段階の目標についてはToDoリストも作っていただきました。もちろん、第2段階以降の目標についても、思いつく範囲でToDoリストを作っていただいてか

ToDoリスト作成例

目標① 1カ月後に副業収入1万円

ToDoリスト(いつまでにやるか?)

- ウーバーのサイトからアカウント登録(今すぐ)
- 必要書類、写真などをオンラインで送る(3日以内)
- 配達員用のアプリをダウンロードする(登録後すぐ)
- 配達用のバッグを購入する(登録後3日以内)
- 実際に配達をやってみる(登録後1週間以内)

目標② 半年後に副業収入5万円

ToDoリスト(いつまでにやるか?)

- メルカリでの物販も組み合わせる。空き時間に研究(今すぐ)
- メルカリ物販についての本を読んでみる(1カ月以内)
- 仕入れに使う中国のECサイトの閲覧を開始(1カ月以内)

目標③ 1年後に副業収入8万4000円(年間100万円)

まいません。準備は早めに始めたほうがいいに決まっていますから。

ひょっとしたら「目標設定なんていいから、簡単に稼げるメソッドを早く教えてくれよ」と思った方もいるかもしれません。**目標設定が効果を発揮する、いわば真骨頂はここからです**。どうぞ、もう少々お付き合いください。

ではいよいよ、決めていただいた目標とＴｏＤｏリストを紙に書いて（といっても、もちろんパソコンなどで打ち込み→プリントアウトでかまいません）、毎日必ず目にする場所に貼り出します。具体的には、前ページのような形になります。

大切なのは、毎日必ずこの紙を見て、中身を頭に刻み込むことです。

あなたが必ず目にする場所を考えてみてください。たとえばご自身のデスクの前、クローゼットの扉。冷蔵庫の扉に貼ったという人もいました。パソコンのデスクトップの壁紙にする、スマートフォンの待ち受け画面にする、というのも手ですが、できれば紙でも貼っておいてほしいと思います。

「そんなことをしたら家族に見られてしまう」と思われた方。いいではありませんか。第4章では、副業のための会社を作る方法を学びます。詳しくはそこでお伝えしますが、家族（配偶者または親）のご協力をいただき、たとえば、その会社の社長を奥様に引き受けていただければ、大変スムーズに物事が進みます。目標はぜひ配偶者にも共有して、家族で力を合わせて前進していただくことがおすすめです。

この紙を貼り出し、毎日見つめてください。狙いは大きく二つあります。

まず、**期限通りにToDoリストを実現できているかの確認です**。やることに「いつまでに」を書き添えたのはこのため。自分で決めた期限をきちんと守れているかどうか、毎日しっかりとチェックしてください。自分の力で、自分を動かすことが重要です。

そして最大の狙いは、**各段階の目標を潜在意識のレベルで脳に叩き込むこと**です。毎日、毎日、目標を見つめ、「必ず実現する」と決意を新たにしましょう。最初はこの本を読みながら半信半疑で決めた目標が、やがて「絶対に実現したい目標」に変わり、さらに「絶対に実現できるもの」へと変わっていきます。

この目標は、自分にとって必ず実現できるもの。そう確信できるようになったときには、あなたの脳がフル回転で「どうやって実現するか」という道筋を探るようになっているはずです。

目標を決め、それを実現するための道筋を探し、その道筋を全力で突き進む。目標を書いた紙を貼り出し、毎日見つめることで、あなたの脳は自然とそういう動きをするようになります。そうなればしめたもの。先にお伝えした通り、副業の収入は加速度的に増えていきます。

これまでに私がアカデミーなどで副業についてお伝えし、実際に行動したみなさんの多くが成功していきます。再現性は、ばっちりです。

さぁ、勇気を持って一歩目を踏み出しましょう！

第2章

600万円の貯蓄でリスクと飛躍に備える

無理せず5年でクリアする必勝プラン

☑不十分な備えで会社を辞める恐ろしさ

私のアカデミーの受講生で、過去にこんな経験をされた方がいらっしゃいました。みなさんの参考にしていただくため、仮名でご紹介します。

中堅商社の社員だった荒岩さん（仮名）は40代のころ、会社員としての毎日に行き詰まりを感じていました。若いころから料理が得意で、飲食業に興味があった荒岩さんはあるとき、大手飲食店チェーンのフランチャイズ説明会に参加。加盟料や開店費用は退職金と貯金、銀行からの借り入れでなんとか用意できそうだと考え、思い切って退職し、夢だった飲食店を開業しました。

ところが、世間を襲った不景気の波もあって客足は伸び悩み、毎月の収支が赤字に。資金繰りがつかなくなり、開業から2年でお店を閉めることになってしまいました。

ただ、赤字経営の苦しさや閉店のショックで受けた心の傷は大きく、周囲とコミュニケーションを取ることが難しい精神状態に。再就職先は「職場の同僚や客との人間関係がないほうがいい」という理由で配送関係の契約社員を選んだ結果、以前の会社員時代と比べても大幅に年収が下がってしまいました。

一方で、趣味のパチンコをやめることはできず、生活水準も急には下げられなかったことから、現在はカード会社などから400万円を超える借金を負っています――。

☑失敗は「不運」ではなく必然だった

一念発起、退職・起業したものの、経済的にも精神的にも大きなダメージを負ってしまった荒岩さん。失敗の原因は、どこにあったのでしょうか。開業したタイミングの悪さも一因でしょう。お店の立地も良くなかったかもしれません。

ただこのケースではそれ以上に、**十分な準備をせずに退職・開業してしまったことが問題でした。**

「はじめに」でお伝えした通り、「好き」を仕事にすること、ましてや会社を辞めてしまうことは、副業でしっかりと準備を整えた上でやるべきことです。その前提を満たさないまま会社を辞め、退職後の仕事がうまくいかなかったら、時に取り返しがつかないほど大きな痛手を負ってしまいます。

さて、**この「やるべき準備」とは何だったでしょうか。**

一つは、副業で年間500万円を稼げる力をつけること。これは覚えていらっしゃいますよね。実は、もう一つあります。それが、この第2章のテーマです。

私がみなさんと最初にした約束のうち、副業に本腰を入れた方の将来像を覚えているでしょうか。

5年後 年間500万円の副業収入と600万円以上の貯蓄があり、その気になればいつでも会社を辞められる。

そう、「年間500万円の副業収入」だけでは、退職に向けた準備ができたとは言えません。もう一つ、**「600万円以上の貯蓄」を実現しておく必要があります。**ではなぜ、年間500万円の副業収入に加え、600万円の貯蓄が必要なのか。そこには、大きく分けて二つの理由があります。

貯蓄600万円の意味❶
不測の事態への備え

前述のように、国税庁によると、日本の給与所得者の平均年収は443万円（令和3年分民間給与実態統計調査）だそうです。副業で年間500万円の収入があれば、今の給料よりは下がる方も少なくないかもしれませんが、会社を辞めたとしても問題なく暮らしていくことはできるでしょう。

ただ、**もしあなたが病気やけがで十分に働けない事態に陥ったら？　有給休暇の消化や傷病休暇が認められる会社員とは違い、収入の目減りは避けられません。**

そんなとき600万円の貯蓄があれば、年300万円ずつ取り崩せば2年間、200万円ずつなら3年間、貯蓄で生活を支えることができます。この間、副業を始めた初期の水準だった年間200万円程度の副業収入を確保できれば、家族の生活が行き詰まることだけは避けられます。これが、600万円を用意するべき一つ目の理由です。

退職はばくちではありません。「のるかそるかの大勝負」はドラマとしては興味深いですが、実際の人生では全くおすすめできません。会社員のうちに、その安定した立場を最大限生かして不測の事態への備えをしておくことが重要です。

それが、600万円の貯蓄が必要な一つ目の理由です。

貯蓄600万円の意味❷ 飛躍に向けた原資

もう一つの理由は、**あなたの収入を押し上げ、今後さらに大きく飛躍させるための資金としての役割です**。

第5章で詳しくご説明しますが、年間500万円の副業収入と600万円の貯蓄を達成した状態のあなたは、再び「二つの道」から一つを選ぶことができます。

一つは、会社を辞めて歩む新たな道です。

500万円の収入が確保できているわけですから、あとは自分の好きなこと、やりたいことを仕事に選ぶことができます。多大な借金を抱えないようにさえすれば、夢を実現するお店を開くもよし、地方に移住するのもいいでしょう。このときは、貯めた600万円が不測の事態に備えた「お守り」となります。

もう一つは、もうしばらくは会社を辞めず、不動産投資で副業収入をさらに膨らませる道です。「なぜ、不動産投資なのか」はいったん、思考の外に置いてください。

不測の事態への備えは、会社員という安定した立場を続けることで補い、貯めた600万円は投資に回します。もちろん、リスクがゼロとは言いませんが、こちらも成功者が数多くいて、再現性が高い方法をご紹介します。

投資によってまずは年間100万円程度の「働かなくても入ってくるお金」を作り、さらに投資で作った資産を次の投資に回すことで、資産も収入も膨らませていくことができます。これがまさに、私が通った道です。

☑会社員を続けるなら、600万円を「不動産投資」の原資に

ここまで読んでこられて、「あれ？　俺は副業収入200万円を維持できればいい人なんだけど……」と思われている方。一瞬でも置き去りにしてしまい、すみませんでした。でも、この600万円は、あなたにも必要なお金です。

なぜなら**副業をやりつつも会社員を続けていく人こそ、絶対に不動産投資を始めるべきだからです**。

投資で生み出すお金は、副業収入とは違い、基本的には「何もしなくても入ってくるお金」です。会社員を続けながら、無理のない範囲で200万円の副業収入を得られる状態になったとしても、そこにさらに100万円が加わるとしたら？

そして、投資の結果手に入れた不動産をもとに、さらに大きな資産を作ることができたら？　これらは、老後のことを考えても、ぜひ手にしていただきたい果実です。

ですから、副業収入200万円を維持しながら会社員を続けるという将来像を描いている方も、600万円を貯めるという目標はぜひ共有してください。

☑月5万円の貯蓄は「どんなことがあっても必ず」

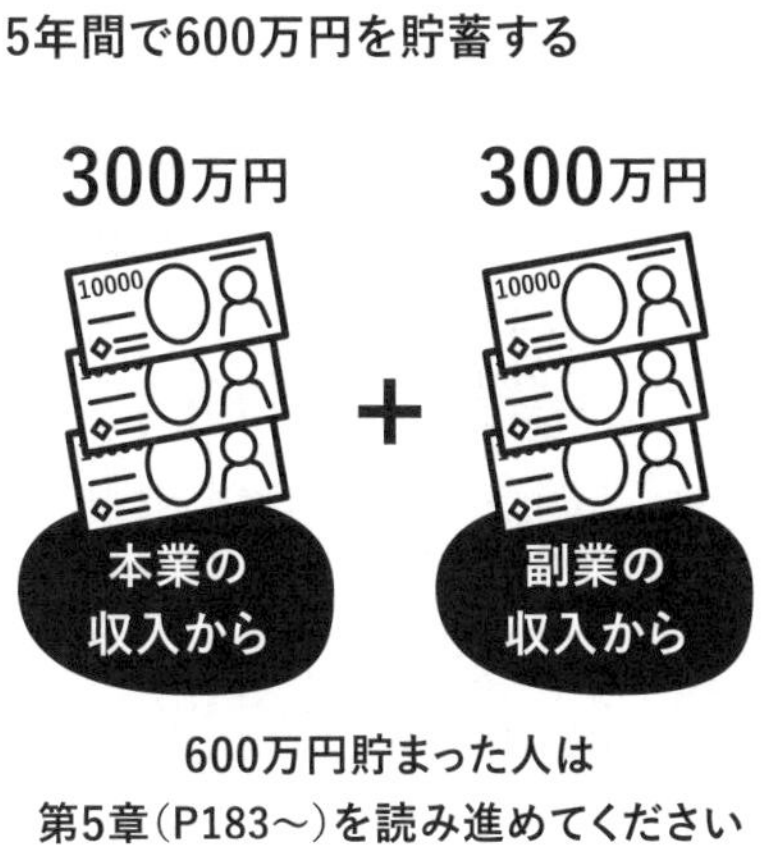

600万円は、5年間で「本業（今の勤め先）の収入」から300万円、副業収入から300万円を積み上げて作ります。

もちろん、現時点で手元に預貯金がある人は、それを合算してもらってかまいません。そして、**600万円が貯まった時点で、すぐに第5章を読み始めてください。**

ここでは、手元の預貯金がゼロという前提で

月5万円×5年間で300万円を貯める

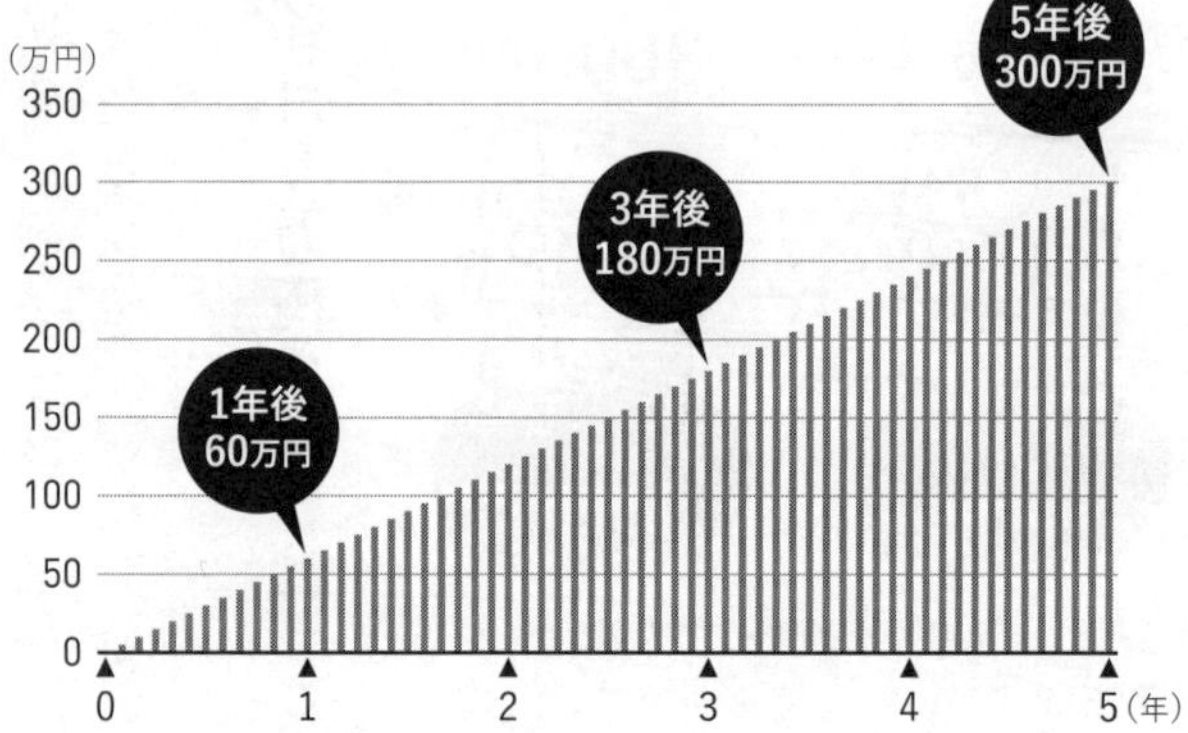

600万円を貯める方法をお伝えしていきます。まずは本業の収入から貯める300万円について見ていきましょう。

やり方はシンプル。月5万円ずつ、本業の収入から貯蓄すれば、上のグラフの通り、5年間で計300万円になります。

ここで一つ、私と約束してほしいことがあります。

この月5万円は、どんなことがあっても必ず、毎月貯めてください。もう一度言います。どんなことがあっても必ず、毎月5万円です。

先に述べたように、会社員という安定した立場を利用して、将来のリスクまたは飛躍に備えることが、未来のあなたにとって大きな助けになります。

会社員としての収入から貯めていく月5万円はその「備え」の象徴であり、あなたを自由にするために絶対に必要な行動です。

「今月はちょっと懐が寂しいから」と貯蓄を見送ったり、「急な出費があったから」と貯めたお金に手をつけたりすることは、絶対にしないでください。

月5万円、5年で300万円。このお金はどんなことがあっても必ず、ある意味自動的に達成されていなければいけないものだと考えてください。

どんなことがあっても必ず、と言われても、世の中にはのっぴきならない事情というものがあります。それはわかります。ただ、それでもなお約束してほしいのです。どんなことがあっても必ず月5万円を貯めると。

☑ 自分の財布を知って5万円を生み出す

「いやいや、月5万円なんて貯める余裕ないよ！」。数ページ前から、そうつぶやきながら読み進めていた方もいらっしゃると思います。

安心してください。これから、あなたのお財布の中身を把握し、そこから5万円の貯蓄資金を生み出す方法をお伝えします。そのために、**【ワークシート❷自分の「お財布」を知ろう】**に記入していきます。

こちらもワークシート①同様、私のホームページに入力用のシートをご用意しています。ぜひパソコンやスマートフォンから、こちらをご利用ください。

■読者限定特典専用ページ

https://landing.fukugyou-academy.com/50sai/

※ＤＬにはメールアドレスの登録が必要です。

ワークシート② 自分の「お財布」を知ろう

記入開始時点で貯金に回せる金額		円

支出		見直し前	見直し後
月々の生命保険料			
家族の携帯電話料金総額			
お小遣いまたは自分のために使うお金の総額		0	0
お小遣い・自分のために使うお金	食費(ランチ代など)		
	飲み代=参加する価値があると感じるもの		
	飲み代=参加する価値がないと感じるもの		
	たばこ代		
	趣味の費用(ギャンブルを除く)		
	ギャンブル(公営、パチンコ、麻雀など)		
	被服費(洋服、靴、アクセサリーなど)		
	マイカー費用(自動車保険、ガソリン代など)		
	雑誌·書籍·動画配信など		
	ゲーム·スマホ漫画等への課金		
	自己研鑽(英会話教室、ジムなど)		
	投資(株式、投信、FXなど)		
	その他		

↰ 自動計算されます。入力しないでください。

家族の人数	
家族1人あたりの携帯電話料金	

見直し後に貯蓄に回せる額		円

あなたの支出分析

浪費	消費	投資

理想は

1 : 2 : 7

作業1 まずは、**現時点で月いくらなら貯蓄に回せるかを入力してください。**「1円もない！」という人は「0」で大丈夫です。

作業2 続いて、**月々の生命保険料**です。勤務先経由で加入している場合は給与から天引きされているはずですので、給与明細を確認しましょう。

そうでない場合は、毎年1回以上、保険の外交員が契約確認に来たときに置いていった（あるいはあとで郵送されてきた）書類に記載されているはずです。

作業3 さらに、**世帯全体の携帯電話代の合計額**を入力してください。

あとで使いますので表の下にある「家族の人数」の欄に、家計で携帯電話代を負担している家族の数を入力してください。夫婦と子ども2人なら「4」ですね。自宅のインターネット回線や固定電話と携帯電話料金がセットになったプランを使用している場合は、明細を見てネットや固定電話分を除いた金額を記入してください。

作業4 最後に、**あなた個人が使うお金の使い道**です。

月いくらという「お小遣い制」の場合は、そのお小遣いの使い道を入力します。あなた自身が家計を管理している場合は、光熱費や住居費など生活に必要なお金を除いた、あなた自身のために使える金額について回答してください。

総額は自動計算されますので、ご面倒でも個別の項目を入力してください。

もちろん、月々変動する内容ではありますので、平均的な使い道をご記入いただければ大丈夫です。自動計算された総額が、ご自身が把握しているお小遣いなどの総額と合わない場合は、「その他」で調整してください。

見直し❶ 「生命保険解約」であっという間に3万円捻出？

入力は終わりましたか？　それでは一緒に確認していきましょう。

最も重要なのは、自動計算されている「見直し後に貯蓄に回せる額」です。ここは、支出の表で金額を見直すごとに計算結果が更新されていきますので、**この金額を5万円に近づけられるよう支出を見直していきましょう**。

ちなみに、この時点ですでに貯金に回せる額が5万円以上になっている人は、もしかするとすでにかなりの額の資金が用意できているのではないでしょうか。とはいえ、手元の資金は多いに越したことはありませんので、月々5万円の積み上げはぜひやってみてください。さらに目標を高く置いていただくのもいいと思います。

さて、月々の貯金額が5万円に届かなかったあなたは、支出のどこかを削っていく必要があります。と言われると「えっ、飲み代は削りたくない」「パチンコは生きがいなのに」「どうせたばこをやめろと言うんだろう?」と心がざわついている方もいるかもしれませんが、まずその前にできることがあります。

一つ目は生命保険の見直しです。生命保険料が3万円を超えているあなたはとても残念な状況であり、同時に超ラッキーです。

生命保険は基本的に、一家の働き手が亡くなったときに、残された家族の生活を支えるのが目的です。あなたが若く子どもが小さかったときには必要だった保険も、今では保障が大きすぎる可能性が高いのです。

たとえば、自宅が持ち家で、住宅ローンを組んでいる場合。あなたにもしものことがあったら、住宅ローンの残債はゼロになります（団体信用生命保険に加入している場合）。残された家族は住居費の心配から解放されます。

仮にお子様がすでに独立していれば、多額の死亡保険金は必要ありません。あなたの職場に社員が死亡したときの遺族年金や死亡弔慰金の制度がある場合も、残された家族にとって一定の収入が確保されることになります。

保険料が月3万円の生命保険の場合、一般的に死亡保障金は4000万円以上にのぼります。50代の世帯主が亡くなったとき、残された家族にこれほどの保障金が本当に必要でしょうか。

私のおすすめは、民間保険会社の生命保険を解約し、都道府県民共済に加入すること

です。都道府県民共済は保険料が低く抑えられているのが特徴で、たとえば交通事故による死亡保険金が１０００万円なら、月々の保険料は２０００円程度。これで事故入院時には１日５０００円、病気になった時には月４５００円といった保障もつきます。

けっこう十分な保障だと思いませんか？　保険を見直すだけで、現在の生命保険料との差額をそのまま貯蓄に回せます。見直すことができたら、支出の表の「見直し後」の欄に、新しい生命保険料を記入しましょう。

見直し② 携帯電話代を「令和スタンダード」に

続いて携帯電話料金です。一人あたりの携帯電話料金はいくらになっていますか？

ここ数年、携帯電話各社は次々に格安プランを打ち出しており、**一人あたり2000円前後で、通信量3GB程度のプランが利用できます**。３ＧＢといえば、動画をたくさん見る人でなければ十分な通信量です。自宅のインターネット回線とセットにすることで、さらに１０００円程度割引になるプランも用意されています。

NTTドコモ、au（KDDI）、ソフトバンクといった大手通信会社を利用しており、ここ何年も料金プランを見直していない人は、場合によっては一人1万円前後の携帯料金を支払っていることもあります。平成の料金を引きずっているのは、もったいないを通り越してばかげています。

たとえば家族4人なら、**携帯料金を「令和スタンダード」に見直すだけで合計2万円以上を貯蓄に回せる可能性がある**のですから、何もしない手はありませんよね。こちらも、首尾よく見直せたら「見直し後」に新しい料金を記入します。

見直し❸　浪費：消費：投資「8：2：0」から脱却せよ

生命保険料と携帯電話料の見直しでは、「見直し後に貯蓄に回せる額」が5万円に届かなかったあなた。ここから先は、多少身を切る覚悟が必要です。

ワークシート②は、あなたの入力内容をもとに、お金の使い道を、「浪費」「消費」

「投資」の三つに分類しています。大変厳しい言い方になってしまいますが、**「浪費」にあたるのはギャンブルの費用、不必要な飲み会代、接客業の女性との同伴出勤（店外デート）などの費用、華美な服飾品の購入費、ゲームへの課金など。**

「消費」は、日々の食費やギャンブルを除く趣味の費用、マイカーの費用などです。「投資」は文字通りの株式や投資信託、不動産などへの投資のほか、ご自身の価値を高めるための出費も含みます。書籍や雑誌、ジムに通う費用などがあたります。

あなたの支出分析

浪費	消費	投資

理想は
1 ： 2 ： 7

「浪費：消費：投資」の比率は、1：2：7が理想とされています。しかし残念なことに、退職後に向けた準備をまだ始めていない方の場合、この割合が「8：2：0」程度になるケースが多いようです。みなさんの比率はいかがだったでしょうか。

この比率を「1：2：7」に近づけることを意識しながら、ご自身の支出を見直してみてください。「浪費」にあたる支出をじっくりと見直し、なんとか我慢できそうなものを切り詰め、「見直し後に貯蓄に回せる額」を5万円に近づけていきます。

たとえばパチンコに月3万円使っているあなた。2万円に抑えられませんか？　なじみのスナックの女の子との食事に1回2万円使っているあなた。回数を減らせませんか？　同僚との、上司の愚痴を言い合うだけの飲み会、断れませんか？

「そんなのつらすぎる」とため息をついたあなた。大丈夫です。**お伝えした「5年後の自分」を想像してください。**そのためなら、少しくらいの我慢はできるはずです。

見直し❹　浪費を減らせない人の「最後の手段」

いかがでしょう。5万円、実現できましたか？　あってほしくはないことですが、それでもどうしても貯蓄に回せる額が5万円に届かないという方が、いらっしゃるかもしれません。その場合は、不足分を副業で補っていくしかありません。

私が副業で他の人より多く
稼がなければならない金額は

万円／月

この部分は、5万円に届かなかった方だけの作業です。あなたは本業収入から月5万円を貯蓄できている人に比べて、副業でいくら多く稼ぐ必要があるのか。上の枠に書き込んでしっかりと意識しておいてください。

本業からの収入と、この金額を合わせて5万円。この5万円は「どんなことがあっても必ず」貯蓄に回してくださいね。

☑確実に「月5万円貯金」を続けるために

人間は、意思が弱い動物です。私自身、そう思うことがよくあります。
だからこそ、この毎月5万円を確実に達成するには、少し工夫が必要です。自分で別口座を作り、自分で振り込むというやり方では「今月はちょっと……」「こんなに貯まったのだから少しくらい使っても……」という誘惑を排除できないこともあるかもしれません。

たとえば、**銀行のサービスとして「自動積み立て定期預金」という仕組みがあります。**給与が口座に振り込まれたら、毎月決まった額を自動的に別口座に移してくれるというサービスです。今はインターネットバンキングなどでも簡単に申し込めます。これで「月5万円を積み立てること」はほぼ達成できます。

ただ、別口座とは言え自分名義の口座にお金があるわけですから、ピンチのときについ使ってしまわないとも限りません。つい引き出してしまうというリスクを避けるには、**純金積み立てや、貯蓄性の保険商品**を利用する方法もあります。

毎月定額が自動で引き落とされるという意味では同じですが、これらはいずれも、解約時に多少煩雑な手続きが必要になる上、基本的にはサービスを提供する側が「積み立てを続けさせようとする」という性格を持っています。今やめるより、続けたほうが得になるという情報を提供してくれるので、そこで解約を思いとどまれる可能性が高まります。

いずれにしても、最後は自分の意思の問題です。「どんなことがあっても必ず」、月5万円の貯蓄は継続する。これがこの章で一番大切な約束です。

☑副業収入から300万円を貯めるには

さて、ここまでは本業からの収入で600万円の半分、300万円を貯める方法を学んできました。続いては、**残りの半分を副業収入で貯めていきます**。

すでに手元に預貯金があるという方は、それを合算して、できるだけ早い時期に合計で600万円を貯めきっていただいてかまいません。

さて、300万円の貯め方ですが、**実は副業収入500万円を目指すみなさんにとってはさほど難しくありません**。なぜなら、先にお伝えした通り「副業収入は加速度的に増えていく」からです。1年目より2年目、3年目……とお金を貯める余裕も増えてい

5年間の副業収入イメージ

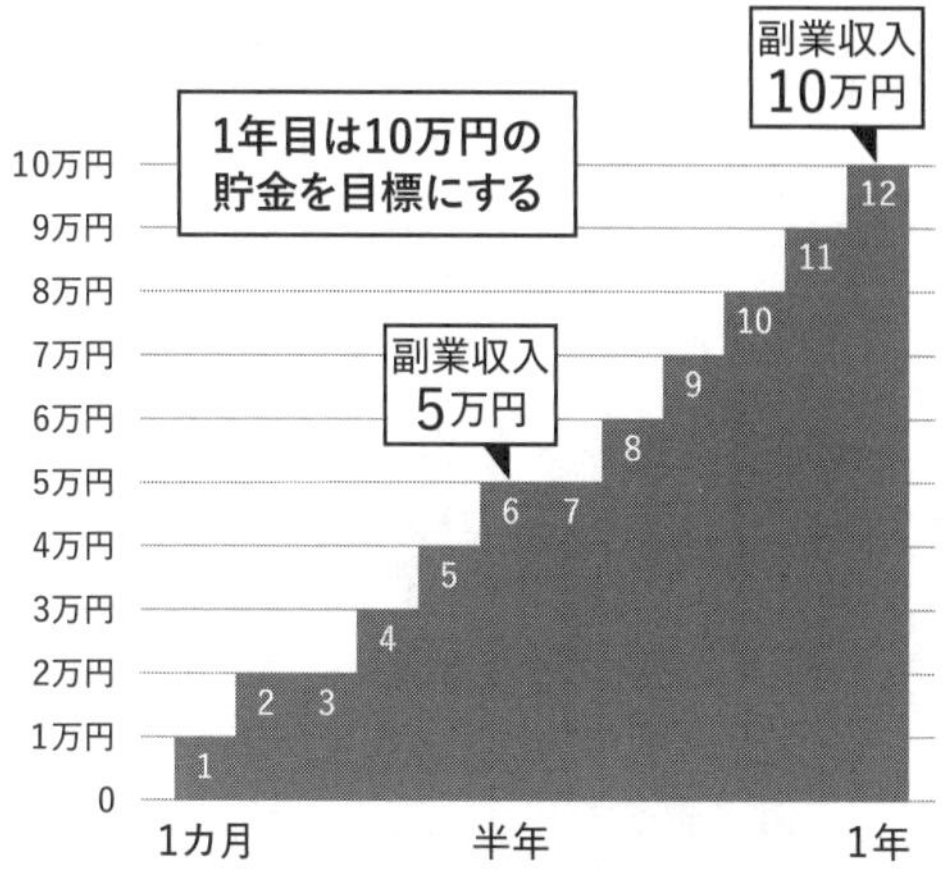

2年目＝200万円副業収入 → 20万円貯金
3年目＝300万円副業収入 → 50万円貯金
4年目＝400万円副業収入 → 90万円貯金
5年目＝500万円副業収入 → 130万円貯金

計290万円（1年目と合わせて300万円の貯金に）

くはずです。

第1章で立てた計画を思い出しましょう。

1年目は、最初の月に1万円、6カ月目に5万円、1年後に月8万〜10万円の副業収入を得る計画でした。したがって、**副業を始めてから1年間の収入は、上の図のようにおおよそ60万円となります**。

1年目はまず10万円の貯金を目標に、300万円の積み立てを始めます。

残り290万円をあと4年で貯めるには、平均で年間72万5000円です。2年目の副業収入が200万円、5年目が500万円あるわけですから、たとえば2年目20万円、3年目50万円、4年目90万円、5年目130万円と1年間に貯める額を増やしていけば、ちょうど290万円になります。わりと余裕を持って貯められそうですよね。

☑「2年目」から頑張ってもいい

一方、副業収入200万円をキープする考えの方にとっては、2年目以降に毎年72万5000円ずつ貯めていくのは、ちょっと高いハードルになります。せっかくの副業収入ですから、欲しかった物を買ったり、やりたいことをやったりするのに使いたいのは自然なことです。

ここは無理をせず、**2年目以降は副業収入から年40万～50万円ずつを貯めていってはいかがでしょうか**。それでも6～8年目には（本業収入からの貯蓄と合わせて）総貯蓄額が600万円に達する計算ですから、ここから投資に挑戦することもできます。

どちらのケースでも、これから5年間、本業の収入から月5万円ずつは「何があっても必ず」貯蓄に回すこと。そして、副業収入からも合計300万円の貯金をし、5年間（または6～8年間）で合計600万円を目指すこと。すでにお伝えした通り、手元にすでに資金がある方は、それを合算してください。あなたが幸せな50～60代と老後を過ごすために、必ず取り組んでください。

手元に600万円が貯まったとき、そのお金を「もしもの時の備え」として会社を辞めるか、会社員という立場を利用して不動産投資の道に進むかは、あなた自身で決めることができます。

どちらの道も、このまま会社員だけを続けていくよりはずっと魅力的で、ラクに生きられるはずです。さぁ、600万円を貯めましょう！

第3章

自分に合った副業で稼ぐ

人生後半の成功を約束する「七つの副業」

☑ 本業に影響しない仕事を選ぶ

ここまで、ご自身の目標を確認し、副業でいくら稼ぐかの計画を立て、600万円の貯蓄を目指すためお財布の中身を見直す、という作業を進めてきました。

さぁ、いよいよ実際に副業を始めましょう。

会社からのお給料が収入の全てだった今までのあなたから、会社に頼らなくても必要なお金を自分の力で稼ぐことができるあなたへ、変身するときがやってきました。「年間数百万円の副業収入なんて絶対ムリだ！」と半信半疑だった方も本章を読めば考え方を改めてもらえるはずです。

前にも述べましたが、この本で紹介するのは成功例がたくさんあり、あなたもそれをやることで成功する可能性が極めて高い、「**再現性の高い副業**」です。もちろん、世の中には無数の職業があります。そのどれを副業にしてもいいのですが、実際に副業に選ぶには、いくつか条件があります。

まず、**会社員をやりながら、休日や隙間時間にできる仕事を選ぶこと**。

フルタイムの仕事を二つ掛け持ちするわけにはいきませんよね。本業に影響するほど体力を消費しないことも、大切な要素です。夜中に道路工事をやって、翌朝また会社に出勤するなんてことをやっていたら、体を壊してしまいます。働く時間の融通が利き、体力をあまり使わなくていい仕事。これが、副業選びの最低条件です。

もう一つ、この章では「元手が必要ない」ということも条件にしました。もしも、手元にある程度の資金があり、一足先に600万円という貯蓄を達成できた人は、この章でご紹介するものに加え、第5章でご紹介する不動産投資も有力な副業候補です。

☑ 副業を会社に伝える必要はない

会社員を続けながら副業する、ということを考えると、「副業が会社にばれないか」

という不安を感じている方が多いと思います。

２０２２年10月に経団連が公表したアンケート結果によると、「副業を認めている」と答えた企業は全体の53・１％でした。これは、経団連会員企業を対象にした調査です。経団連会員になれるのは、総資産1億円以上の優良企業のみ。近年は企業が副業を認める流れが生まれているように感じますが、**大企業でさえおよそ半数がまだ副業を禁じている**ということになります。

わかりにくいのは、副業を認めている企業でも社員に対して「うちは副業ＯＫですよ！」とＰＲしていないケースが多いという点です。

だからといって、人事に「うちって副業ＯＫですか？」と聞きに行ったら、「あなた副業やってるんですか？」と勘ぐられる可能性もありますから、やぶ蛇感が満点で気が引けますよね。大丈夫。そんな確認、しなくていいです。

あとで述べますが、あなたの勤め先が副業禁止であっても、副業ＯＫであっても、わざわざ会社に「副業やってます」と伝える必要はありません。

ただし、公務員の場合は、法律に定めがあるので注意が必要です。

国家公務員は国家公務員法104条に「職員が報酬を得て、営利企業以外の事業の団体の役員、顧問若《も》しくは評議員の職を兼ね、その他いかなる事業に従事し、若しくは事務を行うにも、内閣総理大臣及びその職員の所轄庁の長の許可を要する」という規定があります。地方公務員の場合も、地方公務員法第38条で「職員は任命権者の許可を受けなければ、企業の役員になることや自ら営利企業を営んではならず、報酬を得て事業や事務に従事してもならない」（要約）と規定されています。

国家公務員の場合、実際に許可が下りるのは単発的な講演などの場合だけと聞きますが、地方公務員は自治体によっては比較的許可が下りやすいところもあるそうです。

ただ、ある政令指定都市の公務員で、上司の許可を得て副業をしている人に話を聞いたところ、「役所の仕事に全力投球していないやつ、という見方をされて、庁内での評価という面ではマイナスだと感じます」とのことでした。

これは民間企業でも同じで、副業を認めている企業であっても、実際には上司がいい顔をしなかったり、社内での評価に悪影響を与えたりすることもあり得ます。無用なトラブルを避けるためにも、副業は会社にはわざわざ伝えないことが基本です。

☑ 本業の取引先との関係を副業に持ち込まない

一番まずいのは、本業での取引先との関係で生まれた仕事を副業にしてしまうことです。たとえば、取引先からの仕事の発注を、会社ではなく自分個人で受けて報酬を得るといった稼ぎ方は、会社にばれるリスクが極めて大きくなります。

しかも、会社にとって利益相反と判断されれば、懲戒の対象になったり、賠償を求められたり、最悪の場合は特別背任などで刑事告発される可能性さえあります。本業の取引先との関係で仕事を作り、副業にするのは絶対に避けてください。

とはいえ、このような「禁じ手」を使ったり、あるいは自分から「副業やってます」と会社に伝えたりしない限りは、「副業が会社にばれる」という心配は杞憂《きゆう》に近いと言えます。特にこの本で紹介する副業は、会社にばれる可能性が低いものを厳選していますので心配する必要はほとんどありません。

私自身、副業で1億円を稼ぐようになり、メディアの取材を受けるようになっても、会社には全く知られていませんでした。雑誌に顔写真入りでインタビュー記事が載ったときには「さすがにもうばれた」と覚悟して出社しましたが、何日経っても誰も気づかず拍子抜けした記憶があります。アカデミーの受講生でも、会社にばれてしまったという人は聞いたことがありません。

このように、**ほぼゼロに近い「会社にばれるリスク」ですが、これを完全にゼロにするためには、第4章で学ぶ「株式会社を設立する」ことが有効です。**規定が厳しい公務員の方であっても、ご自身ではなく家族（配偶者または親）を社長にして会社を設立すれば、法に触れることはありません。

詳しくは第4章で述べますが、**2年目、年間200万円ペースの副業収入を得られるようになったら会社を設立するタイミングです。**リスク回避の意味でも、一日も早く副業で稼ぐ力を高め、会社を設立することが大切になります。

☑ 副業が税金でばれることはありません

私がここまで言っても、「ちょっと待て、税金は？　年末調整とかでばれてしまうんじゃないか？」と心配される方がいらっしゃいます。大丈夫。初年度のうちに税金の面で副業が問題になることはあり得ないのです。その理由をご説明します。

まず、本業の勤め先に提出する年末調整の書類は、あくまでその勤め先からもらう給与についてのものです。そこに、副業収入について何かを書く必要はありません。なので、年末調整そのもので会社にばれてしまうということは絶対にありません。

一方、**副業で得た収入は、年末調整ではなく確定申告の対象になります**。制度上、確定申告を行うことで、本業の収入と副業の収入の合計がわかり、正しい所得税の額が確定する——という流れになります。

「ほら、確定申告の結果、所得税額が変わったら、別に収入があるのが会社にばれるじゃないか！」と思った方。いいえ。そんなことは起きないのです。

副業収入の確定申告が必要になるのは、「所得が20万円を超える場合」です。逆に言えば「20万円以下なら、確定申告をしなくてもいい」ということ。これは一般的に「20万円ルール」と呼ばれているもので、副業をやる人は必ずこの金額を意識しておく必要があります。

この「所得」とは、副業収入全体のことではありません。副業収入から、経費を除いた金額が副業の「所得」となります。

そう、もうおわかりですね。副業を始めて1年目の収入は、計画の最低限で進んだ場合、およそ60万円でした。ここから40万円以上を経費として使えば、確定申告は不要なのです。

あなたがやるべきことは、月々の通信費や交通費、事務用品の購入費などの領収書をしっかり取っておき、合計額を計算するだけ。無理に経費を増やさなくても、40万円は軽く超えるはずです。ちなみにこの領収書は、どこかに提出したり、誰かのチェックを受けたりする必要はありません。

さて、この「20万円ルール」は、実は所得税についてだけの特例措置です。**住民税に**

ついては、所得が20万円以下でも、市区町村に申告する必要があります。

所轄の自治体に希望すれば、この所得にかかる住民税は、会社で源泉徴収される分とは別に、自分で納めることができます。このひと手間をかけないと、住民税が増えてしまうことで「会社ばれ」のリスクにつながります。

それを避けるためにも、副業を始めて1年目は、稼いだ金額と経費を同額にして、所得は「ゼロ」にしておくのがおすすめです。そして2年目からは、株式会社を作りそちらに収入を入れることで、個人としての副業収入をなくせばＯＫです（詳しくは第4章）。

☑ 副業で「アルバイト」は厳禁！

ちなみに、アルバイトのように「勤め先から給料をもらう仕事」を副業に選ぶと、所得がアルバイト先から自治体に通知され、住民税が上がります。そこからほころびが生じ、会社に副業がばれるのはばからしいことです。

たとえば、休日だけ某ファストフード店でアルバイトして稼ぐようなケースです。こ

副業するなら知っておきたい「スリーポイント」

1. 本業で得た収入（給与）は年末調整、副業で得た収入は確定申告の対象
2. 副業収入の確定申告が必要になるのは、所得が20万円を超える場合
3. 「勤め先から給料をもらう仕事」を選ぶと、収入がアルバイト先から自治体に通知され、住民税が上がる

のような場合は、事前に会社に報告しておかないと大ごとになる可能性があります。

なので、**副業は、あなたが個人事業主としてやれるものにしてください。**副業にアルバイトは、ＮＧです。

いかがですか。副業選びさえ間違えなければ、税金の面から副業が勤め先にばれるリスクがゼロであることが、よくおわかりいただけたと思います。

☑あなたにぴったりの副業判定テスト

会社員のみなさんにとって一番大きい「会社にばれる」という心配を払拭できたところで、いよいよあな

たが実際に始める副業を選びましょう！

本書でご紹介する副業は、私が今この時代にぴったりだと考え、厳選した8職種です。ここまでご説明してきた「時間の融通が利く」「体力を使いすぎない」「会社にばれにくい」「個人事業主として収入を受け取れる」という4条件を満たしていることはもちろん、現在も多くの人が副業として選び、**実際に結果を出している「再現性の高い」副業と、まだ手をつけている人は少ないものの、これから確実に注目されるであろう「将来性抜群」の副業**ばかりです。

それでは早速、**【ワークシート❸あなたにぴったりの副業判定テスト】**に取り組んでみてください。といっても、最大で三つの質問に答えるだけです。矢印の行き着く先にあるのが、あなたにぴったりな副業です。

なお、**矢印は絶対にどちらか一つを選ぶ必要はありません。**

「どちらとも言えないなぁ」と迷ったり、「どっちでも（どっちも）いいな」と感じた

ワークシート③ あなたにぴったりの副業判定テスト

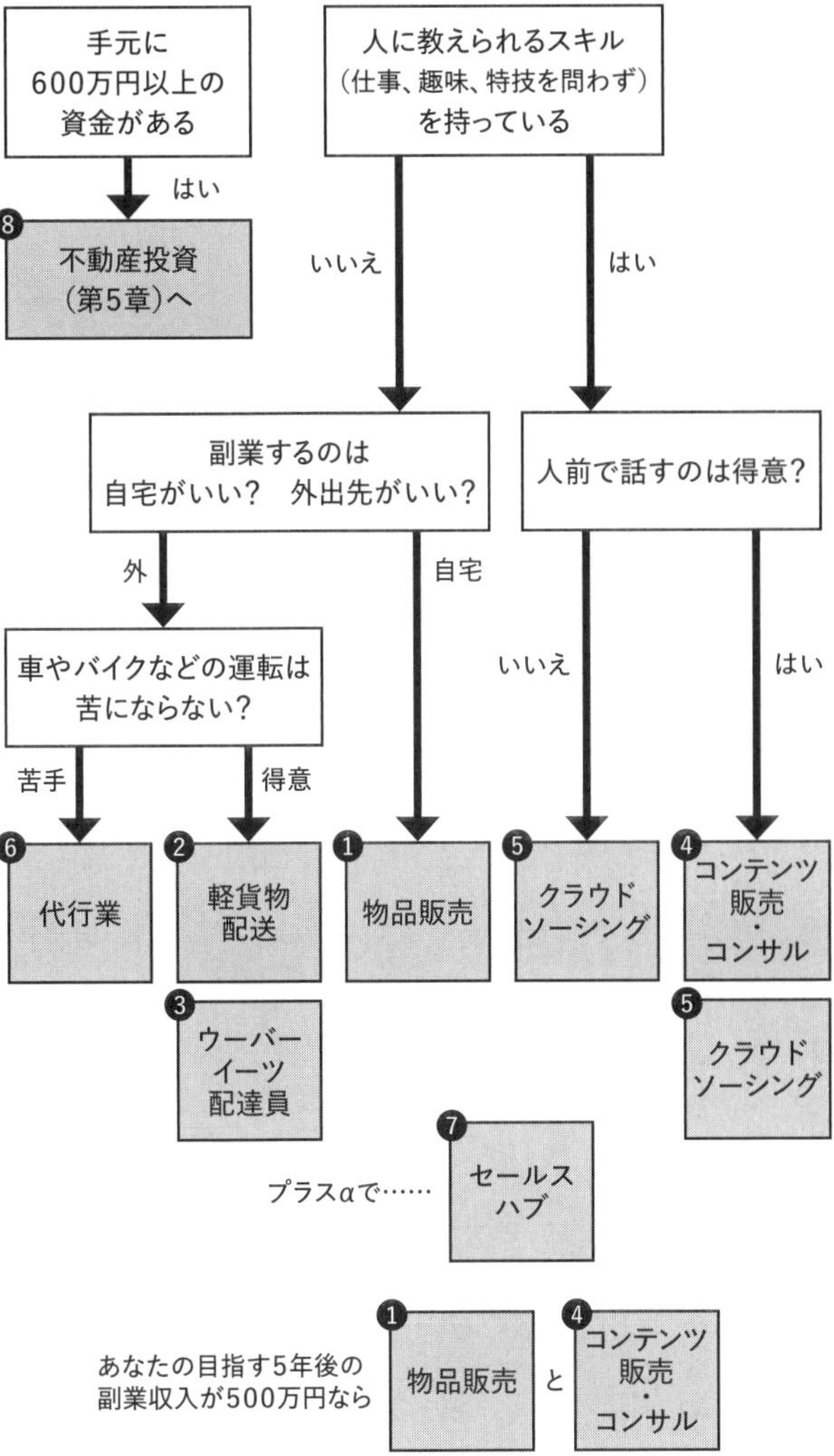

りする質問があれば、ぜひ両方の矢印を追ってみてください。自分に合う副業がたくさんあったほうが、将来の選択肢が広がって楽しいですから。このあとの説明を読んで、実際にどの仕事から着手するかを考えてみてくださいね。

さて、このテストはあなたの特性に合った副業を知っていただくためのものですが、（第5章で紹介する不動産投資以外の）７種類の副業にはそれぞれ特徴があります。

たとえば、物品販売は収入の伸びしろが大きく、しかも本業が休みの日や終業後に集中してやれるので、私が今一番おすすめする副業です。一方、ウーバーイーツ配達員は、誰でもすぐに始められるので、「最初の1万円」を稼ぐ手段としては最も手軽でしょう。

「はじめに」と第1章で、「5年後に副業収入500万円を目指す」と決めた方は、将来的に大きな収入が見込める「物品販売」と「コンテンツ販売・コンサル」がおすすめです。できるだけ早く600万円の資金を貯めて、第5章の不動産投資に進むことも大変有効です。

プロが厳選！　やるべき副業リスト

	月収の目安 ※❼は1件あたりの金額	働く場所	会社へのばれにくさ
❶ 物品販売	5万～50万円	自宅	★★★★★
❷ 軽貨物配送	6万～40万円	屋外 （車・バイクなど）	★★★★☆
❸ ウーバーイーツ配達員	3万～10万円	屋外 （車・バイクなど）	★★★★★
❹ コンテンツ販売・コンサル	1万～50万円	自宅	★★★★☆
❺ クラウドソーシング	3万～30万円	自宅など	★★★★☆
❻ 代行業	5万～10万円	顧客宅	★★★★★
❼ セールスハブ	5万円／1件	自宅	★★★☆☆
❽ 不動産投資 （第5章で紹介）	8万～上限なし	自宅	★★★★★

それでは、7種類の副業それぞれについて詳しく説明していきます。

できれば、**ご自身の判定テストの結果にかかわらず、一度全ての副業の説明に目を通していただければと思います。**副業は、一つしかやれないものではありません。いろいろな副業に挑戦してみるのも大切ですので、「あれっ、おもしろそう」と感じる部分があれば、その副業にもぜひ積極的にチャレンジしてみてください。

副業❶ 「三方よし」でみんな幸せな物品販売

副業リスト①物品販売

月収の目安	5万〜50万円
働く場所	自宅
会社へのばれにくさ	★★★★★

自宅で、仕事の合間に、少ない元手で始められる副業として私が最もおすすめするのが、物品販売（物販）です。物販というと、「マスクや最新ゲーム機を買い占めて、高値で売りさばくアレでしょ?・」と誤解される方もいらっしゃ

るのですが、私がおすすめするのは悪質で世間に迷惑をかける「転売ヤー」とは全く違うものです。

「三方よし」という言葉をご存じでしょうか。近江商人の経営哲学を表すもの（言葉自体は後世に作られたものですが）で、「売り手」「買い手」「世間」の三方にとってプラスになってこそ商売だ、という意味です。

江戸時代、近江商人が関西の様々な産物を江戸などに運んで販売することで、商売人自身、いい商品が入手できた買い手はもちろん、世の中全体の需要と供給をつなぐことで世間にもプラスだったというわけですね。

当時、江戸の人が京都の呉服を手に入れたいと思っても、ほとんどの人は直接京都に買いに行く時間や体力はありません。だからこそ、商品を江戸まで運んでくれる近江商人に喜んで輸送料や手数料を含む代金を払いました。

私がおすすめする物販もこれと全く同じです。

現代も多くの人は仕事や子育てなどで忙しく、自分が欲しい商品を自分で時間をかけて探し回ることはできません。みなさんはその手間や時間を肩代わりする形で、ニーズがある商品を仕入れて、ネット上で販売するのです。売り手は儲かり、買い手は大助かり、経済は回る。まさに「三方よし」です。

☑ まずは100品をメルカリに出品する

では具体的に動き出しましょう。**第一歩は、フリマサイトの「メルカリ」に、家にある不用品を出品するところから始めます**。メルカリは近年利用者が急増していますので、「それくらいならやったことあるよ」という人も多いと思います。

やり方は簡単。①スマホにメルカリのアプリをダウンロードする、②不用品の写真を撮る、③写真と商品の紹介文を登録して値段を決める――の3ステップで出品は完了です。あとはメルカリのサイトがお店と商品棚の役割を果たしてくれますので、あなたは売れるのを待つだけです。

まずは100品、出品してみてください。「えっ、100も?」「うちに売れる物なんてあるかなぁ」なんていう心配はいりません。

実際にメルカリをのぞいてみればわかりますが、ありとあらゆる商品が出品され、実際に購入されています。

たとえば使用済みの靴やネクタイ、使わなくなったゴルフクラブ、読まずにほったらかしの本。はてはウイスキーの空き瓶やiＰｈｏｎｅの空き箱といった「一体何に使うの?」と思ってしまうものまで、ちゃんと値段がついて売られています。愛好家のあいだでレアなアイテムは一瞬で落札されることもあります。

あなたはすでに売れた商品を参考に、値段を決めるだけでＯＫ。出品後に値下げも可能です。金券やチケット類、偽ブランド品、医薬品、マッサージ器（医療機器にあたるもの）など、ガイドラインで出品が禁止されているものもあるのでその点だけは注意してください。

☑「仕入れて売る」にチャレンジせよ

家にある不用品を売り尽くしたら、その販売利益を元手に、次は商品を仕入れて売っ

てみましょう。

仕入れ、というと「目利きが必要なプロの仕事」という印象があるかもしれませんが、今はネット検索やAI、そして海外の通販サイトといった強い味方がいますので素人でも全く問題ありません。

今度はあなた自身が買い物をする立場になって、メルカリで商品を検索してみてください。**ジャンルは何でもかまいませんが、ご自身で興味があったり、「こんな物が欲しいなぁ」と思っていたり、あるいは商品の価値や機能のことが少しはわかっている物のほうがいいと思います**。

犬や猫を飼っている人ならペット用品、ゴルフや自動車などが趣味の方は同じ趣味の方に訴えかけそうな商品などが狙い目です。

狙った商品が、メルカリで「SOLD（販売済み）」の表示になっていたらチャンス。同じ商品を、実際に売れている価格より安く仕入れてくることができれば、売値と仕入れ値の差額があなたの利益になるわけです。

☑ 仕入れには中国の「タオバオ」を使おう

問題は、どこで仕入れるか。たとえばその商品が本なら古書店を、古着なら古着店をめぐって探してくればいいのですが、未経験のみなさんにとっては、大半の商品は一体どこで仕入れればいいのかわかりませんよね。

そんなときに強い味方になるのが、**中国の通販サイト「タオバオ（陶宝）」**です。

次ページがタオバオのトップページです。「中国語なんてわからないよ！」という方。大丈夫です。サイトはグーグルの機能で日本語に翻訳されます。サイトをよく見てください。

サイトの上部にある検索ボックスの右端に、カメラのマークがありますよね？　実は、**タオバオには画像検索機能があります**。なので、「これを仕入れたい」という商品を見つけたら、写真をコピーしてこの白い枠にペーストすればＯＫなのです。

中国の通販サイト「タオバオ(陶宝)」のトップページ

「壁に張れる爪とぎボード　猫用」と検索したページ

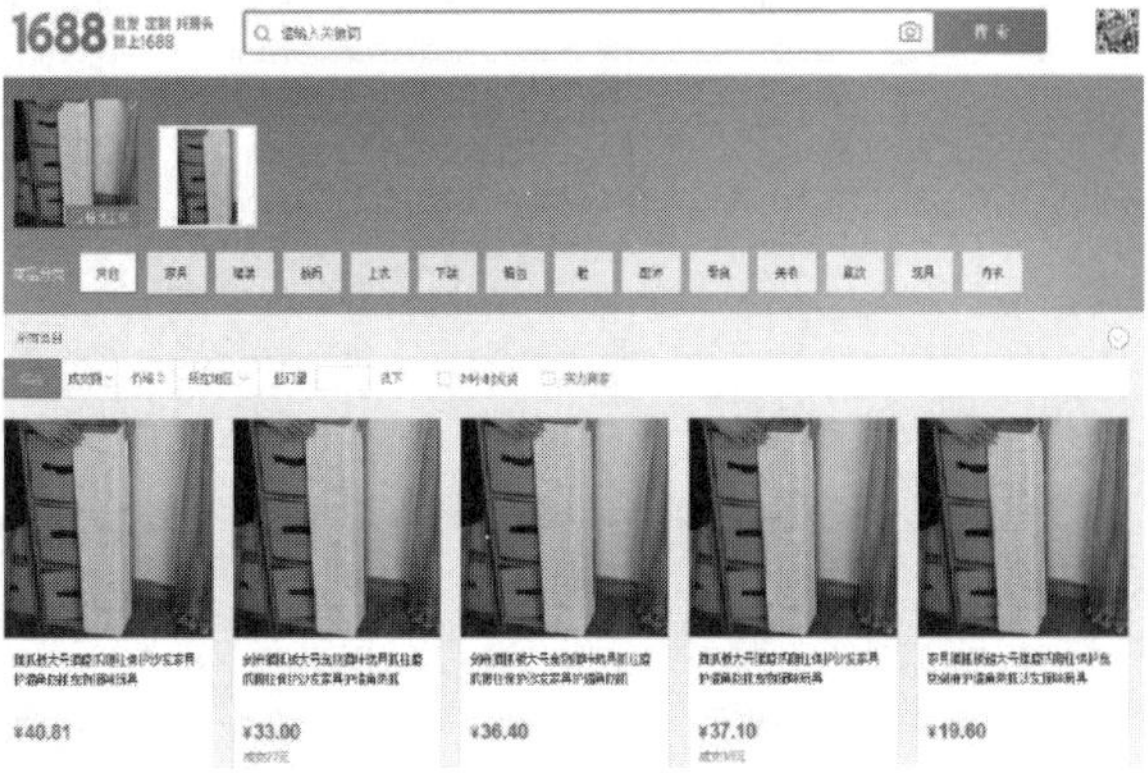

　上の写真は、「壁に張れる爪とぎボード　猫用」として売られていた商品をタオバオで検索したところです。中国語で探すとなるとなかなかハードルが高いですが、**タオバオなら写真を貼り付けてカメラマークをクリックするだけ。こんな風に、同じ商品がずらっと表示されます。**

　あとは、アマゾンや楽天で買い物をするのと変わりません。タオバオは中国最大手のＩＴグループ「アリババ」が運営しています。

　アリババと言えば、ソフトバンクの孫正義さんが巨額の出資をしていたことでも知られています。「クレジットカード番号を盗まれる」といったリスクは、日本の通販サイトと同等と考えていいと思います。そして、実際の輸入はこのあとご説明する輸入代行業者に任せてしまうのがおすすめです。

ちなみに**この商品は、日本での最低価格が4000円ほど。それに対し、タオバオでの価格は53元（当時の為替レートで約900円）でした。**送料などは多少かかりますが、粗利はなんと2000円以上。10個仕入れて売れば、これだけでたちまち2万円の粗利が見込めることになります。

いかがでしょう、物品販売を副業にすることの魅力が、少しずつおわかりいただけているのではないでしょうか。

☑輸入代行とアマゾン「FBA」も活用する

ここまで、まずは買い手と売り手の立場を経験し、低いハードルで物品販売の魅力を知っていただくために、商売のベースをメルカリに置いてきました。

もちろんメルカリでこのままビジネスを続けてもいいのですが、**取引の規模を拡大し**

たい人には、アマゾンで販売するのもおすすめの方法です。

また、仕入れには輸入代行業者を活用します。「タオバオで見つけ、輸入代行業者に頼んで仕入れ、メルカリまたはアマゾンで売る」。これが物品販売の基本スタイルです。

アマゾンでの販売にも目を向けていただきたい理由は、二つあります。まずは**規模の大きさ**。メルカリの流通総額は、2023年6月期連結決算で9846億円でした。これに対し、ほぼ同時期（2022年）のアマゾンの国内販売総額は3兆1958億円と、実に3倍以上の開きがあります。

現実世界で想像してみても、同じ商品を売るなら、お客さんがたくさん来てくれるお店で売ったほうがたくさん売れますよね。みなさんの中にも、何か欲しい物があったら、いちいちお店に行ったり、いろんなサイトを探したりはせず、パッとアマゾンで買ってしまう人、多いのではないでしょうか。

もう一つの理由は、**アマゾンには倉庫に商品を保管し、出荷してくれるサービスがあ**

アマゾンサイト「アカウントサービス」のページ

ることです。副業としての物品販売が軌道に乗り、売れる商品の数が増えてくると、自分で梱包したり出荷したりしていたのではとても手が回りません。アマゾンなら、それらを全て任せてしまえるのです。

「アマゾンで商品を売れるのって、大手の業者とかだけなんじゃ？」と誤解されている方が多いのですが、実は「**フルフィルメント・バイ・アマゾン（FBA）**」というサービスが用意されており、これを使えば誰でもアマゾンに商品を出品できます。

　アマゾンをご利用されている方なら、アマゾンのサイト（ここではパソコン版でご説明します）から、ご自身の「アカウントサービス」のページをご覧になってみてください。「その他のアカウント」という項目の中に、「出品アカウント/Amazonで売る」という項目が見つかるはずです。ここをクリックすれば、詳しい説明が表示されますのでぜひ読んでみてください。

サービス利用料は月4900円（税抜）で、ここに商品の在庫保管手数料が加わります。在庫の体積によって決まりますが、10センチ×10センチ×10センチで月3〜10円程度（季節や商品一つ一つのサイズによって変動）となっています。

あとは、商品が売れたときに配送代行手数料がかかります。小型の商品で1点200円程度、大型商品でもおおむね1000円台ですから、あまりにも安い商品を取り扱わない限りは、あなたが損をすることはありません。このように、商売を始めるときの元手が小さくて済むのも、物品販売の大きな魅力です。

FBAに登録すれば、あとは手順に従って、仕入れた商品をアマゾンに送っておくだけです。しかも、この「輸入↓納品」という作業は、輸入代行業者に任せることができます。輸入代行業者は、基本的に日本の業者を使うので全て日本語対応。あなたが輸入したい商品を指定すれば、その商品を輸入し、検品して不良品のリスクを防ぎ、アマゾンの倉庫に納入してくれます。

今は数多くの業者があり、その時々で割引キャンペーンなども行っています。ぜひネット上で「輸入代行　中国」などと検索して、いくつかの業者を比較してあなたにぴったりの業者を見つけてください。

☑「魔法のキーワード」を特別にプレゼント

ここまで来れば、あなたのやるべきことは二つだけです。

一つは在庫を把握して、足りなくなったら輸入代行業者に仕入れを指示すること。もう一つは、新規に仕入れる商品を発掘することです。

物品販売のうれしいところは、いったん売れ筋で利幅が大きい商品を見つけたら、同じモノを仕入れて売り続けられる点です。特段の努力をしなくても、在庫管理をしているだけで毎月安定して収入を積み上げていくことができます。

裏を返すと、**この「売れる商品を見つける」という部分にこの副業の難しさがあり、**

工夫して他人と差別化できる楽しさがあるとも言えます。

ネットで「副業　物品販売」などと検索すると、「儲からない」「やめておけ」といった検索結果も表示されます。この人たちは、残念ながら「売れる商品」を見つけられなかったのでしょう。

もちろん、失敗から学ぶこともたくさんあります。苦労して自分だけの答えを見つける楽しみもあると思います。ただ、この本を読み、初めて副業の世界に足を踏み入れているみなさんに、そんな苦労をさせるわけにはいきません。

そこで、**売れ筋商品を見つけるのに必ず役立つ、二つの「魔法のキーワード」を特別にプレゼントしたいと思います。**

☆GS1事業者コード

☆JANコード

使い方は簡単。まず、アマゾンのトップページの検索窓にこのキーワードのどちらかを入力します。

その結果表示される商品はほぼ間違いなく、副業として物品販売をやっている人たちが出品したものです。つまりこの二つは、副業の先輩たちの行動をこっそり見せていただくためのキーワードなのです。

あとは、**表示された商品の中から実際に売れていて、利幅が大きいものを探していきます。**どれも先輩たちが苦労して見つけた商品たちですから、自分で「何かいい物はないかな」と探すより、何百倍も効率的です。

☑ 売れ筋商品の「四つの条件」とは？

では、どんな商品が「正解」なのでしょうか。条件は、四つあります。

一つ目は、**価格が2000円以上であること。**先にお伝えした通り、アマゾンで商品を売るには手数料がかかりますから、価格が安いものを選ぶと利益が出なくなってしまいます。二つ目は、**カスタマーレビューの「★」が3個以上であること**。ここまでは、各商品のページで簡単に確認できます。

あとの二つは、「FBA」を利用している人だけが使える機能です。まずは、**その商品の出品者が「4人以下」であること。そして、「過去3カ月間で12回以上売れていること」**です。こちらの調べ方は、FBAを契約すればカスタマーサービスなどで教えてもらえますので、実際に画面を見ながら勉強してください。

これらの条件を満たす商品は、アマゾンに出品しておけば確実に売れるということ。あとはタオバオで画像検索して、利幅が大きいものを選んで仕入れるだけです。

どうですか。初心者でも、しっかり稼げる予感がしませんか？　その予感は、当たっています。さあ、勇気を持って動き始めましょう！

ちなみに、物販のノウハウは拙著『サラリーマン副業2・0』（PHPビジネス新書）でも詳しく解説しています。興味を持たれた方はこちらもぜひご参照ください。

副業② ネット通販拡大で急進する軽貨物配送

「今、一番伸びている業界ってどこですか?」

副業関連の仕事をしているので、そんな質問をされることが時々あります。IT? インバウンド関連? それもいいのですが、私は「**軽貨物配送です**」と断言します。

今や多くの人が、これまでお店で買っていた様々な商品をアマゾンや楽天市場、ゾゾタウンといったネット通販で購入しています。その、自宅までの「ラストワンマイル」を担っているのが、軽貨物配送なのです。

たとえばアマゾンで商品を買ったとき、家まで配達してくれるのは「ヤマト運輸」か、「アマゾン」のどちらかと表示されます。

この「アマゾン」という表示は、実際にアマゾンの社員が配達しているわけではありま

副業リスト②軽貨物配送

月収の目安	6万~40万円
働く場所	屋外(車・バイクなど)
会社へのばれにくさ	★★★★☆

せん。**アマゾンなどの通販会社や、宅配・運輸大手から業務を請け負っているのが、軽貨物配送の人々なのです。**

経済産業省によると、日本の通販市場（消費者向け）は、2013年の11兆1160億円から、2022年には22兆7449円と2倍以上に拡大しました。

近年はスーパーや家電量販店、ドラッグストアなどもネット通販に本格参入してきており、今後もしばらくは右肩上がりの成長が確実です。当然ながら働き手もどんどん必要とされており、業界では担い手不足が深刻になりつつあります。

☑車やバイクを提供してくれるケースも

「いや、そんなこと言われてもうちには配送用の車もバイクもないし……」と思っている方。心配ご無用です。今は他の業界から人材を引き入れるため、車やバイクを無料やごくわずかな金額でレンタルしてくれる求人もたくさんあります。

そして**週1日で、手取りの報酬が1万5000円を超えるところも珍しくありませ**

ん。たとえば週に1日、土曜日だけ働いても月6万円の収入になるのです。

運輸業界では近年、「２０２４年問題」という言葉が話題になり続けてきました。厚生労働省が主導した「働き方改革関連法」が２０２４年４月から運輸業界にも適用され、長時間労働が厳しく規制されることを言います。

一人のドライバーが働ける時間が短くなるため、「週末だけ」「夜だけ」といったパートタイムで配送を担ってくれる人材へのニーズが急激に高まっています。

「いやいや、定年間際の老体にムチを打てるか！」とご批判もあるでしょう。でも、大丈夫です。

宅配の場合、引っ越し業者のように重い荷物を運ぶといった腕力が必要な局面はほとんどありません。あなたが健康で、運転免許証を持っていて、車やバイクの運転が苦にならないなら、確実な副業として試してみる価値はあると思います。

この業界のもう一つの魅力は、**独立・起業につなげやすい**という点です。とにかく急成長している業界なので、やる気さえあれば仕事はどんどん増やせます。もし肌に合えば、副業から本業にすることも容易です。

確実に仕事をしていれば、配送の依頼主から「独立して仕事受注してよ」といった声をかけられる局面も出てくるはず。大手から直接仕事を受けられるようになり、やがては経営者として複数のドライバーを雇うようになる人も珍しくありません。簡単に始められ、確実に収入が得られ、将来への夢もあるという一石三鳥の副業と言えるでしょう。

☑「業務委託」の求人をチェック

軽貨物配送の仕事を探すのにおすすめなのが、求人サイトの「インディード」です。

アルバイトではなく業務委託の求人が豊富に掲載されているためです。

インディードの検索画面から、ご自身がお住まいの地域で「軽貨物／業務委託／副業」などと検索すると、多数の求人情報が表示されるはずです。

選んでいいのは、「業務委託」の仕事だけです。 アルバイトや契約社員は従業員として給料から税金を天引きされてしまうので、会社に副業がばれる原因にもなります。

先に述べたように、今はとにかくドライバーが足りないという状況ですので、「週1日だけ」「平日の夜だけ」「休日の半日だけ」など、様々な働き方での求人が見つかると思います。その中から、ご自身に合った条件の仕事を選びましょう。

バイクや自動車を持っていない人は、低額での貸し出し制度がある求人を選びます。初心者でも大歓迎してもらえるのがこの仕事のいいところです。

ただし、難点もあります。手軽に始められ、確実に収入が見込める副業ではあるのですが、基本的には自分の時間を売るタイプの副業です。夜遅くまで働いたり、休日を全部この仕事にあてたりすれば当然収入は増えますが、**本業との両立に支障がない範囲で働くなら、月収は10万円以内になってしまうケースが多い**と思います。

本気でやれば本業以上に稼げる可能性も高い仕事ではありますが、会社員を続けているうちは、他の副業との組み合わせで収入を作っていく必要がありそうです。

副業③ 隙間時間を現金化できるウーバーイーツ

副業リスト③ウーバーイーツ配達員

月収の目安	3万～10万円
働く場所	屋外（車・バイクなど）
会社へのばれにくさ	★★★★★

続いては、**誰もが知っている副業の代表格、ウーバーイーツ配達員**です。

魅力はなんといっても、その手軽さ。本業終わりの夜だけでも、休日の数時間だけでも、何なら平日の昼休みにでも、「やろう」と思ったときにいつでもすぐにやれるのが特徴です。特別な知識も必要ありません。

ウーバーイーツ配達員のやり方や攻略法は、ネット上にたくさんの情報があふれています。先述した拙著『サラリーマン副業２・０』にも詳細な解説を記したので、ここでは基本的な流れだけをご紹介しておきます。

まずはウーバーイーツのサイト（https://www.uber.com/jp/ja/deliver/）で、配達員としてのアカウントを作成します。スマートフォンに、ドライバー用のアプリもダウンロードしておきます。

アカウント登録に必要なのは身分証明書（外国籍の人）、顔写真、銀行口座の情報（キャッシュカード）。バイクで配達する場合は、運転免許証、自賠責保険証書やナンバープレートの写真なども必要になります。

次に、配達用のバッグを用意します。ウーバーが通販で販売しているので、そこで購入するのが基本ですが、**アマゾンなどで無地のバッグを買えば、ウーバーイーツ以外の宅配サービスにも使えます**。なお、家に手ごろなバッグがあればそれでもいいのですが、やはり「いかにもそれっぽい」バッグから料理を取り出した方が、購入者のイメージがよくなるようです。

アカウント登録が終わり、アカウントが有効になれば、いつでも仕事を受けられます。ドライバー用アプリを立ち上げ、仕事を受けられるようにすれば自動的に配達の依頼が届きます。交通安全に十分気をつけて、お店で料理を受け取ってお届け先まで運ぶだけです。

ただ最近では、アカウント登録をしても、ウーバーイーツ側が一定期間、アカウントを有効にしないケースがあります。新たに登録する人が増えすぎて、今働いている人の仕事が減ってしまうのを防ぐ狙いとみられます。

そんなときは、「出前館」「Wolt（ウォルト）」「menu（メニュー）」といった他社の配達員に登録すればOK。初めて働くときはボーナスがつくなどキャンペーンをやっている場合もありますので、チェックしてみましょう。

☑ 他の副業との組み合わせが必要

ここで大事なのは、**ウーバーイーツの配達員は会社に雇われているわけではなく、個人事業主であること**。給料をもらうわけではないので、報酬から経費を除いた分だけが所得になります。

経費を計上して所得がゼロになれば税金はかからず、先に説明した住民税などの問題も起きません。

第1章でも書きましたが、実際に働いている人の感覚として、ウーバーイーツの収入は「時給1500円程度」という方が多いようです。

たとえば平日の終業後や休日の昼食時に1日3時間働けば、4500円程度になります。2～3日仕事をするだけで1万円前後を稼げる計算ですから、「最初の1カ月で1万円を稼ぐ」という目標は誰でも達成できます。

一方で、軽貨物配送と同様、「自分の時間を売る」という性格が強い副業でもありますので、本業のかたわら働ける時間の分しか稼げません。

収入を増やすために働く時間を増やせば、本業に影響が出てしまいます。**ウーバーイーツからの収入は月数万～10万円程度にとどめ、2年目以降の副業収入200万円を達成するには、やはり他の副業と組み合わせるのが正解だと思います。**

副業④ 得意技で先生に コンテンツ販売・コンサル

「これなら人に教えられるなあ」という得意分野、一つや二つは持っている人も多いのではないでしょうか。そのノウハウを動画にしたものを、販売するというビジネスは、市場が大きく伸びており、大きな収入につなげられる可能性があります。

副業リスト④コンテンツ販売・コンサル

月収の目安	1万～50万円
働く場所	自宅
会社へのばれにくさ	★★★★☆

入り口としておすすめしたいのが、**教育大手のベネッセが運営する「Udemy（ユーデミー）」というサービス**です。

一般の人が自分の得意分野について講義した動画を販売するサイトで、「教えたい」と思う人が講義の動画をアップして値段をつけ、「習いたい」と思う人がそれを買う仕組みです。

内容は、あなたが人に教えられるものなら基本的に何でもOK。パワーポイントやエクセル、ウェブデザイン、マーケティングといった仕事上のスキルはもちろん、サイトには「メルカリで売れる商品写真の撮り方」「クラシックギターの基礎」「クロールの泳ぎ方」などありとあらゆる動画があります。

教えられるスキルがあり、習いたい人がいれば売買が成立するわけですから、あなたのどんな強みが商品になるかわかりません。「30年間一度もばれていない！　上司の目を盗んで昼寝する秘術」なんていかがですか。私が会社員なら、つい受講したくなりそうです。

講義のお値段は自分でつけることができ、実際にアップされている動画も1本あたり数千円のものから、10万円を超えるものまで様々。まずは安めの価格設定で利用者のニーズを探り、人気がありそうなら上級編をより高い値段で売る、という戦略をとっている人が多いようです。

☑講義動画はZoomで簡単に録画できる

講義の動画を作る、というとハードルが高そうに感じるかもしれませんが、実は意外に簡単です。リモート会議でプレゼンをやったこと、ありますよね？　その経験があれば、誰でもできます。

まずはパワーポイントなどで画面に映写する資料を作ります。動画を埋め込んだり、音楽や効果音をつけたりしたほうが見やすいのは、プレゼンと全く同じ。会社員として生き抜いてきたあなたのスキルを生かすときです。

録画には、オンラインミーティングソフトの「Ｚｏｏｍ」を使うのがおすすめです。

スタジオも特別な機材も必要ありません。Ｚｏｏｍを立ち上げ、用意した資料を画面共有し、画面の下に表示されている「レコーディング」のボタンをクリックすれば、簡単に動画を記録できます。

あなたがやることは、リモート会議のプレゼンと全く同じです。見知らぬ誰かに、自分の得意分野についてプレゼンをすればいいのです。リモート会議のプレゼンは生中継の一発勝負ですが、講義動画の録画は何回でもやり直せます。録画したものを自分で見返して、改善点を見つけてよりよい動画にしていくこともできます。

また、動画を見られるのはお金を出して買った人だけなので、同僚や上司に見られてしまうなんていうリスクもありません。会社の人が、たまたまあなたの講義を購入するなんてことは、万に一つの確率ですよね。

☑ なんといっても収入の伸びしろが魅力

この副業をおすすめする最大の理由は、**収入の伸びしろの大きさ**です。

今や副業の代表格になりつつある物品販売とは対照的に、こちらはまだまだメジャーとは言えない存在です。講義のジャンルによっては動画が少なく、競争率が低い場合もあるようですから、早めに始めれば人気講師となって数多くの利用者をがっちりつかめるチャンスです。

サイトである程度集客できるようになり、講義の魅力も磨いたら、次はYouTubeなどでの集客を目指します。自分の力で安定して動画を売れるようになれば、その収入だけでもかなりの額に達しますし、動画の枠を超えて有料でレクチャーするコンサルビジネスに発展させる人も増えています。

この副業だけで月100万円を稼ぐことも全く夢ではありません。さぁ、いつ始めますか？　今でしょ？

副業⑤ クラウドソーシングでスキルを現金に

得意技はあっても、誰かに講義するのはちょっと自信が……という方には、ご自身のスキルを売って稼ぐ「**クラウドソーシング**」を副業にするのがおすすめです。

具体的には、**まず「ココナラ」や「ランサーズ」、「クラウドワークス」といったサイトに登録することになります。**

ここではいったん「ココナラ」を例に話を進めますが、各サイトをご覧になって、自分に合いそうなものを選んでもいいですし、少し手間はかかりますが二つまたは三つのサービスに登録してもかまいません。

副業リスト⑤クラウドソーシング

月収の目安	3万～30万円
働く場所	自宅など
会社へのばれにくさ	★★★★☆

さて、百聞は一見にしかず、まずはココナラのサイト（https://coconala.com/）を開いてみて

ください。様々な得意技を持つ人が、ご自身のスキルを販売しているのがわかります。
その内容はまさに百花繚乱《ひゃっかりょうらん》。動画編集やプログラミングといったITスキルから、人事労務相談、営業スキル、パワポ資料の作成といったサラリーマンとして身につけてきた技能が生かせそうなもの、イラストや作曲といったアート系、占いや美容といったものまであります。

とにかく、どんなスキルでも買いたい人がいれば商品になります。まずはサイトを見ながら、「これなら自分にもできるかな？」というものを見つけてみてください。ココナラでは、価格も自分で設定できます。

初心者にとってうれしいのは、**先輩たちの「出品」内容をじっくりと学べる**ことです。

どんなスキルがよく売れるのか。どういう書き方をし、どういう写真を載せている人が人気なのか。どれくらいの価格帯がいいのか。人気のある出品者を研究すれば、初めての人でもしっかりと受注できます。

あなたが出した「売ります」を見た人が、「買いたい！」と思ってくれれば、注文が入ります。そうすると、サイト上で買った人とチャットしたり、テレビ電話で話したりできるようになるので、具体的な注文内容などを詰めていくことになります。

☑コンテンツ販売への「成り上がり」も可能

当たり前のことですが、多くの人が持っているスキルは売り手もたくさんいますし、そもそも「買いたい」という人も少ないので、出品しても稼ぐのは難しくなります。とはいえ、まずはやってみること。その上で、うまくいかなければ対策を考えればいいのです。

ご自身が持っているスキルの中で希少性が高いものは何か。あるいは、あるスキルと別のスキルを合わせることで希少性を生み出せないか。言い換えれば、**「自分の強みがどこにあるのか」を真剣に考えることは、今後副業収入を増やしていく上で非常に大きな経験になるはずです**。

多くの人と競い合い、仕事を受注できるようにご自身の商品力を磨き上げていけば、やがてはコンテンツ販売やコンサルにも手が届くようになるかもしれません。そうなれば、収入は青天井です。まずは他の副業と組み合わせつつ、自分磨きを兼ねて取り組むのがおすすめです。まずは、クラウドソーシングへの登録から始めてみましょう。

副業⑥ 研修ばっちり! 代行業でIKEAの家具作り

先に紹介したクラウドソーシングと重なる部分もあるのですが、ちょっと毛色が違うので別の副業としてご紹介したいと思います。こちらは、**現時点で「自分には、人に売るようなスキルがない」と感じている方におすすめです。**

副業リスト⑥代行業

月収の目安	働く場所	会社へのばれにくさ
5万~10万円	顧客宅	★★★★★

みなさんはIKEA（イケア）で家具を買われたことがありますか?

優れたデザインなのに安くて、コンパクトに梱包されているので持ち運びやすいのが特徴のイケアですが、いざ持ち帰ると組み立てがけっこう大変だったという方も多いと思います。

そこに目をつけたのが、「ANYTIMES（エニタイムズ）」というサービスです。元々は「ココナラ」などと同様、自身のスキルを売りたい人（サポーター）と、買いたい人をつなぐサービスなのですが、ユニークなのは、スキルを売りたい人にイケアの家具を組み立てる技術を学ぶための研修を用意していることです。

研修を受けた人は、「イケア家具組立認定サポーター」を名乗ることができるので、利用者が安心して家具の組み立てを依頼できます。この仕組みが注目され、今利用者が急増しています。

☑ 働く側にも依頼する側にもメリット

働く側にとっては、事前に研修でスキルを身につけられるのは助かりますよね。また、依頼する側にとっては「お墨付き」が与えられた人にお願いできるので、双方にとってメリットがあるシステムになっています。

収入は、組み立て1回で3000円程度。ほとんどの家具の組み立ては1時間前後で終わるので、隙間時間を現金化する副業としては十分に使えます。

イケアの家具組み立て以外にも様々な研修が用意されており、お掃除などの家事代行、ペットのお散歩代行などが人気ジャンルのようです。

お掃除というと家政婦さんのイメージが強いので「誰かの家に行って、家族と顔を合わせるのはちょっと……」と尻込みしてしまいそうですが、「airbnb《エアービーアンドビー》」のような民泊のお部屋を掃除する仕事なら、誰とも顔を合わせずに仕事ができます。

現時点でスキルがなくても、免許も自転車もなくても、とにかく誰でも気軽にできる副業として、別枠でご紹介しました。

副業⑦ あなたの人脈をお金に換えるセールスハブ

最後に一つ、会社員として長年経験を積み、人脈を築き上げてきたみなさんだからこそできる副業をご紹介します。

ただ、**一歩間違えると非常に危険な面もありますので、よく読んで、慎重に取り組んでいただく必要があります。**

と、仰々しい書き出しになってしまいましたが、ここでご紹介するのは**「Saleshub（セールスハブ）」というサービスです。**

副業リスト⑦セールスハブ

月収の目安	5万円／1件
働く場所	自宅
会社へのばれにくさ	★★★☆☆

まず、企業が「こんな会社の、こんな役職の人と出会いたい」といった要望をサイトに出します。あなたがもし、その条件に合う人を知っていたら、その人を紹介してあげることで、1回5万円程度の報酬を得るという仕組みです。人脈をお金に換えるシステムと言ってもいいと思います。

企業が求める「会いたい人」は様々です。上場企業の社長、といったケースももちろんありますが、「ウェディング業界の、マーケティング部の主任・係長クラス」「海外に拠点がある企業の、人事部の課長・部長クラス」など、かなりピンポイントな場合が多いのが特徴です。

社会人経験が長いみなさんなら、「あぁ、これなら○○さんがピッタリじゃないか」ということもきっとあると思います。

☑ 勤め先で知り合った人を紹介するのは危険

ただし、注意してほしいのは、**本業の勤め先でつながっている人を紹介するのは御法度**ということです。

考えてみてください。その人とつながっているのは、あなたの会社であなた一人だけではないはずです。紹介した人が、あなたの同僚や上司に「この前、××さんの紹介でこんな人と会ってねぇ」なんてしゃべったら、副業が一発でばれてしまいます。

場合によっては、先にお伝えした本業の会社との利益相反になることも考えられますので、本業の人間関係を使うのは絶対にダメ。

紹介するのは、たとえば学生時代の友人や趣味でつながっている仲間、同じ飲み屋さ

んで知り合った飲み友だち、お祭りやPTAといった地域のメンバーなど、あなたの個人的な友人、知人だけにしてください。

そこさえ守れば、実際には何の苦労もせず、時間も手間もかけず、1回5万円というなかなかのお金を稼ぐことができます。本業以外でたくさん知り合いがいる人なら、一度サイトに登録してみても損はないと思います。ただし、くれぐれも慎重に。

☑「お金のための副業」がやがて毎日の楽しみに

ここまで読まれた方はお気づきだと思いますが、実は**「副業収入年間100万円＝月間8万4000円」は、勤め先の終業後や土日を使えば、誰でも確実に実現できます。**シンプルに、空き時間を売って現金に換えるだけでいいのです。

ただ、次の目標である、「副業収入200万円＝月間16万6000円」となると、空き時間を現金に換えるだけでは難しくなってきます。物品販売やクラウドソーシング、コンテンツ販売といった、自身が本業で働いている間も、ビジネスが勝手に動いている形の副業を組み合わせることが必要になってきます。

そして、「副業収入500万円=月41万6000円」となると、本業の空き時間を売るタイプの副業では達成がほぼ不可能です。このレベルを目指すなら、手元資金600万円を用意して、第5章の不動産投資に進むのが王道ですし、資金が用意できないうちは物品販売やコンテンツ販売・コンサルが有力な選択肢です。

副業判定テストで、「年間500万円を目指す人は物品販売と、コンテンツ販売・コンサルを選んでください」とお伝えしたのはそのためです。

もちろん、時間を売るタイプの仕事と組み合わせてもいいのですが、副業が年間500万円を稼ぐレベルに達したときには、おそらくその副業にすっかりはまり、本業以外の時間はそちらに全力投球しているはずです。

副業はもちろん、お金のために始めるものです。好きなことを仕事にするのは、その後だとお伝えしました。ただ、実際にこれらの副業でお金を稼げるようになると、やがてそれが楽しくてしょうがなくなるはず。みなさんにも一日も早く、お金を稼ぐ楽しさを味わっていただきたいと願っています。

第4章

今すぐ会社を立ち上げろ！

定年後の身を助ける3大メリット

☑「早く会社を作ったほうがいい」最大の理由

これまでもお伝えしてきた通り、**実際に副業を始め、軌道に乗り始めたら、準備を始めてほしいのが会社の設立です。**

あなたに配偶者がいて、あなたの妻（夫）が正社員ではなくパートで働いていたり、専業主婦（夫）だったりするならば、社長は妻（夫）にお願いするのが理想です。配偶者が正社員である場合、またはあなたが独身である場合は、親のどちらかを社長にするのもありでしょう。ぜひそのようにしてください。理由はこのあとご説明します。

ここからは、あなたが夫であるという前提で書き進めます。

実は、「早く会社を作ったほうがいい」というのは、私自身の大失敗に基づくアドバイスです。

税金などについての知識が何もないまま副業を始めた私は、副業収入をどんどん拡大することばかりを考えていました。そして5年目になって、自分にかかる税金がとんでもない額になっていることに気づき、「ぎゃあっ！」と悲鳴を上げることになりました。

慌てて会社を作ったのですが、今の知識で当時を振り返ると、どれだけ無駄な税金を払っていたことか。あのような目に遭うのは私一人で十分だと思い、みなさんには早めの準備を呼びかけています。

☑会社は副業ばれを防ぐ「透明マント」だ

妻を社長にして、副業のための会社を作ることのメリットは、大きく三つあります。

一つは、**会社に副業がばれるリスクをゼロにすること**です。

たとえば、副業への縛りが厳しい国家公務員の方であっても、あなたではなく妻を社長にした会社を作り、副業の収入は全て会社の収入にし、あなた自身が1円も報酬を得ていなければ、形の上では国家公務員法に触れることはありません。

思い出してください。国家公務員法で許可が必要なのは、「職員が報酬を得て、営利企業以外の事業の団体の役員、顧問若しくは評議員の職を兼ね、その他いかなる事業に従事し、若しくは事務を行う」こと。ですが会社を作ることで、報酬を全て会社（妻）のものにできるのです。

国家公務員で大丈夫なら、いわんや会社員をや、です。

みなさんは『ハリー・ポッター』シリーズを読んだり、映画で見たりしたことはありますか？　主人公ハリーの持ち物として、かぶると完全に姿が消えてしまう「透明マント」という重要アイテムが登場します。妻を社長にして作った会社は、まさにこれ。あなたの副業を勤め先から完全に見えなくする、魔法の透明マントなのです。

☑節税手段＆事業拡大のための相棒にも

二つ目は、将来的に事業を拡大していく際に銀行などから融資を受けやすくなることです。

会社が着実に黒字を出していたら、住宅ローンのように個人で借りられるお金とは別

会社員は法人に比べ税金を取られすぎている

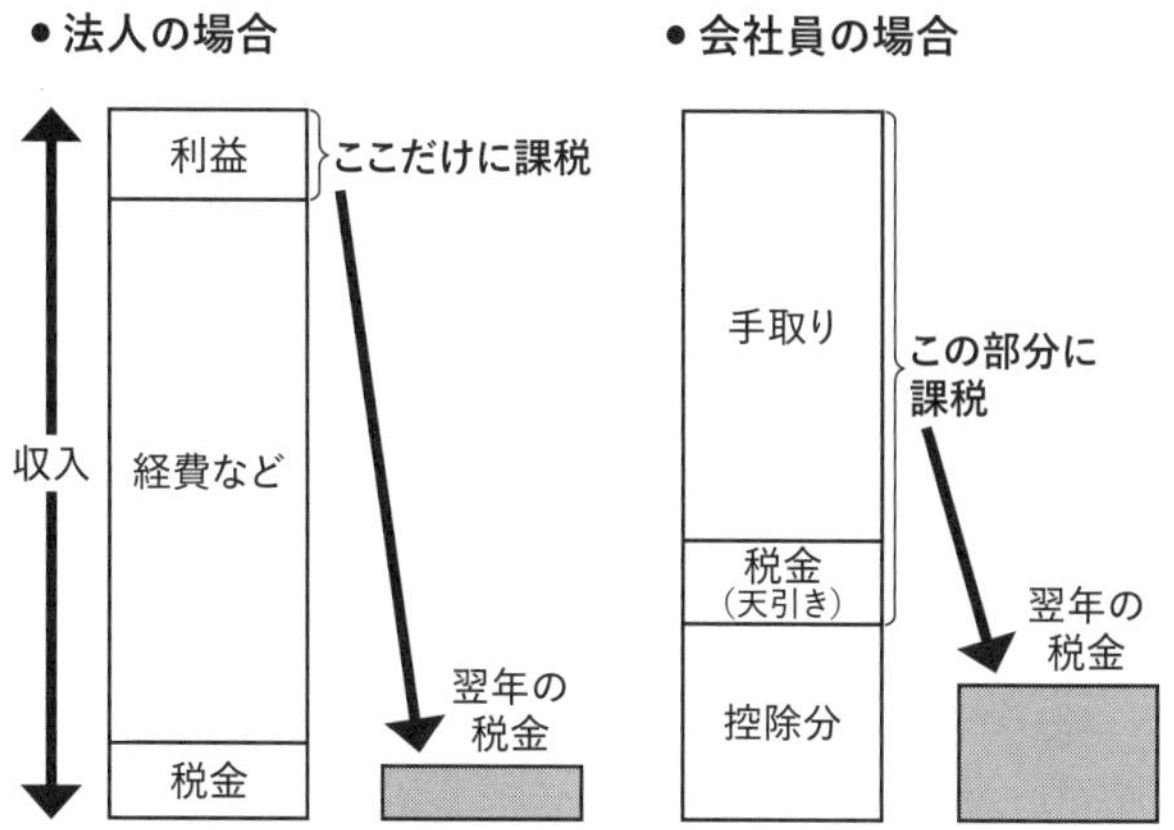

の枠で、金融機関からお金を借りることができます。こちらは、副業年収をどんどん増やしていきたい方には、特に感じていただけるメリットになります。

そして三つ目は、**節税**です。上の図を見てください。会社員と法人（会社）とでは、税金のかかり方が全く違います。

会社員は、年収に応じた税金が自動的に天引きされる源泉徴収という制度で税金を払っています。**基本的には、前年の年収総額（一部控除分はありますが）に対して所得税や住民税がかかります**。さらに社会保険料もかかるので、たとえば年収５００万円の人なら、おおよそ100万円が自動的に天引きされています。

「そういうもんでしょ」と、と思われているかもしれませんが、図をよく見てください。実際には受け取っていない、税金として取られた部分まで課税対象になっているではありませんか。これっておかしいと思いませんか？

触れることも見ることも臭いをかぐこともできなかったお金まで課税対象になっている。これが、会社員です。

その結果、会社員が実際に使えるのは、税金や社会保険料などを天引きされた「手取り収入」だけ。そこから使ったお金はただの支出ですから、手持ちのお金が減っていくだけです。


ところが、**会社を作った場合はたとえば同じ500万円の収入があった場合、そこから先に経費を差し引くことができます**。税金がかかるのは、収入から経費を差し引いた残りの金額（利益）に対してだけです。

なので、経費をたくさん計上して利益を減らせば、支払う税金の額を減らすことができます。しかも、プライベートカンパニーですから、その経費を使うのはあなたと家族です。つまり、会社員なら使ったら使ったただけ手元のお金が減っていたのが、会社なら使ったら使っただけ税金を節約できるということです。

☑ 納める税金は7万円ぽっきりでOK

そしてなんと、日本の企業の約7割は赤字です（2021年度）。**赤字企業の場合、課税の対象となる利益がありませんから、支払う税金は法人住民税の7万円のみ。**あなたが副業でどれだけ稼いでも、その収入以上に経費を使えば、「赤字企業」のできあがりです。

いかがですか？　同じ500万円ずつ稼いでも、国や地方に支払う税金は、会社員は100万円、会社は7万円。しかも会社なら、自分自身や家族の様々な支出（詳しくはこのあとご説明します）を、自分の財布を傷めずに使えるのです。

これが、会社の節税効果です。**実は、この節税効果の多くは会社を立ち上げず、個人事業主として副業をしていても得られます**。さらに、個人事業主が同様に赤字を計上したら、会社がわずかに支払っていた法人住民税の7万円もかかりません。

「じゃあ個人事業主のほうが……」と考えるのは早計です。先に述べたように、会社を作ることによって、勤め先に副業がばれないようにする効果は絶大です。ですからこの7万円は、勤め先から身を隠す「透明マント」の利用料だと考えましょう。

加えて、**会社の場合は決算の期間（年度の始めと終わり）を自由に決められます**。

個人事業主は、全員が「1〜12月の所得について、2〜3月に税を申告する」のですが、この時期は勤め先も年度末で忙しいはず。会社なら決算時期が自由なので、たとえば7月決算にしておけば、お盆休みが取りやすい8月に決算と法人税申告の作業ができ、本業との両立が楽になります。

ほかにも、個人事業主では認められにくいいくつかの経費が認められるといった利点もあります。

☑経費で落とせる「意外な支出」

こうなると当然気になるのは、一体どんな支出が経費として落とせるのか、ということですよね。ではここで**【ワークシート❹経費で落ちるのはどの使い道？】**に挑戦してみてください。

次ページに挙げた項目のうち、「個人で会社を持った場合に経費で落とせる」のは、どの支出でしょうか。経費でいけそう、と思ったものにチェックを入れてください。

前提として、あなたが作る会社は妻が社長、あなた自身はその会社の仕事を請け負うビジネスパートナーという関係です。事務所はあなたの自宅です。

「経費で落とせる」とするのは、支出の全部または一部を経費として処理したときに、「税務署から問題ありと指摘を受けることがほぼあり得ない」項目とします。

厳密に言うと様々な解釈はあり得るのですが、私を含め、実際に会社を持っている人ワークシート④ 経費で落ちるのはどの使い道?

□ 携帯電話を最新機種に買い替える費用

□ 自宅の光熱費や電話代、携帯電話代

□ 新聞代、週刊誌やCDの購入費

□ 移動のための電車代やタクシー代

□ 副業の情報収集のために行った飲み会の費用

□ 副業仲間と行ったゴルフのラウンド代

□ 自動車で移動した際のガソリン代や高速代

□ 自動車の購入費

□ 家族で仕事の話をしながら食べた外食代

□ 副業の勉強にもなる家族旅行

たちや、その経理を見ている税理士の先生方の共通認識として、「これは大丈夫、税務署に指摘されない」とされているものを、ここでは「経費で落とせる」としましょう。

10項目のうち、いくつにチェックが入ったでしょうか。会社員の感覚では、けっこうダメなものが多いような気がしますよね。

正解は……「**全項目が経費で落とせる**」でした。

「やっぱりね」と思われてる方、お見事。ご明察です。逆に、「夫婦で外食はまずいんじゃないか」とか、「車は絶対にダメでしょ」と思いを巡らせた方は、会社員の常識に首までどっぷりと浸かってしまっています。

☑経費を活用すればお小遣いは減らない

もちろん、各項目について細かな注意事項はあるのですが、どの項目もあなたが会社を立ち上げれば、少なくとも一部は経費で落とすことができるものばかりです。

どうですか？　まじめに会社員だけをやっていたら、ただ家計が傷んだり、自分のお小遣いが減ったりするだけの出費が、こんなに経費として処理できてしまうんです。

これらの項目が経費で落とせるなら、今あなたが抱えているお金がらみの悩みやストレスの多くが吹っ飛ぶのではないでしょうか。そんな未来を想像して、「今すぐ自分の会社を持ちたい！」と思っていただけたはずです。

うまく経費を活用することで、あなた個人が今の勤め先から得た収入の多くを手元に残すことができます。そうすれば、第2章で約束した「5年後に貯蓄600万円」の達成も、はっきりと見通すことができるはずです。

副業で稼ぎ、会社を立ち上げる。あなたが今すぐやるべきことは、その2点に尽きます。

☑会社の形態は「株式会社」が絶対おすすめ

それでは、いよいよ実際に会社を立ち上げましょう。

「えっ、いきなりそんな」なんて尻込みする必要はありません。このまま読み進めれば、必ずできる内容ですから。

まず決めるのは、作る会社の種類です。起業関係の本やホームページを読んだことがある方ならご存じかもしれませんが、会社にはみなさんもよく知っている「株式会社」

の他に、「合同会社」「合資会社」「合名会社」があります。

「あれ？　有限会社は？」と思われた方がいるかもしれませんが、有限会社は２００６年の会社法改正で廃止されています（改正前から存在していた有限会社の中には改正後も有限会社を名乗る会社がありますが、法律上は株式会社扱い）。

さて、会社の種類それぞれに特徴はあるのですが、**私がおすすめするのは、なんといっても株式会社です**。

株式会社はほかの三つに比べて、設立にかかる費用が少し高くなります。具体的には、株式会社を作るのにかかる費用は25万円程度、他の三つは10万円程度です。まだ副業を始めたばかり、手元の資金が決して豊富ではない状況で、15万円の差は大きいですよね。

それでも私が株式会社をすすめるのは、「**株式会社が世の中で一番知られているから**」です。会社の形態によって得られるメリットやデメリットはそれぞれ違うのですが、株式会社の最大の特徴は「知名度が高い」ことです。

ちょっと想像してみてください。

あなたが友人や親戚に「最近、副業で会社を始めたんですよ」と名刺を渡したとしましょう。株式会社なら「へぇ、〇〇っていう会社なんだぁ」「どんな仕事やってるの?」と自然に会話が進むと思います。でも、「合同会社」や「合名会社」なら?　まず「えっ、合名会社って何?」というところから説明する必要がありそうです。

今後ビジネスを拡大し、様々な関係者に会社を紹介するようになっても、やはり株式会社は社会的に信用を得やすくなります。

たとえば事業を拡大するために従業員を雇うとしたらどうでしょう。面接に応募する人も、やはり株式会社のほうが安心して勤められると感じるはずです。

まずは低コストの合同会社でスタートして、軌道に乗ったら株式会社に――という考え方もありますが、会社の形態を変えるときには、改めて申請手続きが必要になります。名刺やホームページも作り替えなくてはならず、手間もコストもかかります。私としては最初から株式会社を作ることをおすすめします。

☑社長は妻(夫)にお願いするのがベスト

会社を作るためには、最初に三つのことを決める必要があります。

まずは**会社の名前**。あなたがあなたのセンスで、あなたの思いのままに決めることができます。多くの人が「そう言われても……」と逆に困ってしまう局面ですが、これからあなた自身の分身となる会社の名前ですから、しっかりと考えて「これだ！」という名前をつけてください。

次に、**会社の所在地**。これは、自宅にします。自宅を会社の所在地にしておくことで、家賃や光熱費、通信費などの一部を経費として処理できます。会社を立ち上げることで、最も実感が得られやすい「お得」かもしれません。

三つ目は、**代表者**です。先ほども述べましたが、あなたが既婚者で、妻が専業主婦やパート勤務なら、妻に社長をやってもらうのがベストです。

もちろん、実際の副業はあなた自身がやるわけですが、妻に協力してもらうことができれば、この上なく大きな助けになります。

もう一度言いますが、妻が社長を務めることで、あなたの副業が勤め先にばれるリスクを払拭できます。さらに経理の処理は、日頃からやっている家計管理の延長線上でやってもらえるでしょう。何より、**妻に役員報酬を出したらその分が経費になりますから、節税しつつ実際には家計が潤うことになります**。

☑ 家族の「信頼残高」を積み立てよう

そして何よりも、家族に「お父さんありがとう」と感謝してもらえるという効果が大きいと思います。

自宅の光熱費や通信費を会社の経費で処理するのも、妻自身がそのお金のやりとりを管理していればホクホク笑顔になってくれるはずです。仕事に絡めた家族の外食やお出かけを「あ、経費で落とすよ」なんて言ったら、子どもたちもあなたを見直すはず。

私はこれを、「**家族の信頼残高を積み上げる**」ことだと考えています。貯金をするのと同様、家族からあなたへの信頼も貯めていくわけです。

なので、副業を始めるにあたっては、ぜひ妻に相談し、情報を共有してほしいと思います。妻との関係が良好なら、きっと最高のビジネスパートナーになってくれるでしょう。もし関係が少しぎくしゃくしていて、あまり会話もない……という状況なら、この相談が家族と向き合う大きなきっかけになるはずです。

実際に妻に役員報酬を出せるようになるのは、副業が軌道に乗ってからになりますが、**会社を立ち上げた当初におすすめするのが、妻にボーナスを出すことです。**「事前確定届出給与」という、1年間の会社の利益が目標額に達したら、たとえば10万円のボーナスを役員に出すという仕組みを使います。もちろん、副業を軌道に乗せ、妻に毎月報酬を出すこともできたら最高ですよね。

まずは妻と話してみてください。家計の助けになること、二人で頑張ればちょっと豪華なディナーを楽しんだり、旅行に行ったりすることも夢ではないこと、そして期末にはちょっとした現金もプレゼントできること。そんなプラス面を説明して、ぜひ社長就任を引き受けてもらいましょう。

とはいえ、「ちょっとそんなことを話せる関係じゃないんだよなぁ」という方もいらっしゃるでしょう。その場合は、まずは自分で副業を始め、会社を立ち上げ、ある程度経費が使える状況にしましょう。

そうなってから会社の存在を打ち明けて「家の通信代を会社の経費で落とそうか」などと提案すると受け入れてもらいやすいかもしれませんね。

☑ オンライン申請なら会社設立もラクチン

会社の設立といえば税理士さんの手を借りたり、何度も法務局に通ったり……というのはもう昔の話。**一人で立ち上げる株式会社なら、法務省のホームページからのオンライン申請で全てが完結します**。

法務省のホームページを使う方法と、「マネーフォワードクラウド会社設立」などの民間のサービスを利用する方法がありますが、ここでは法務省のホームページで進めて

法務省HP「一人会社の設立登記申請は完全オンライン申請がおすすめです!」

https://www.moj.go.jp/MINJI/minji06_00117.html

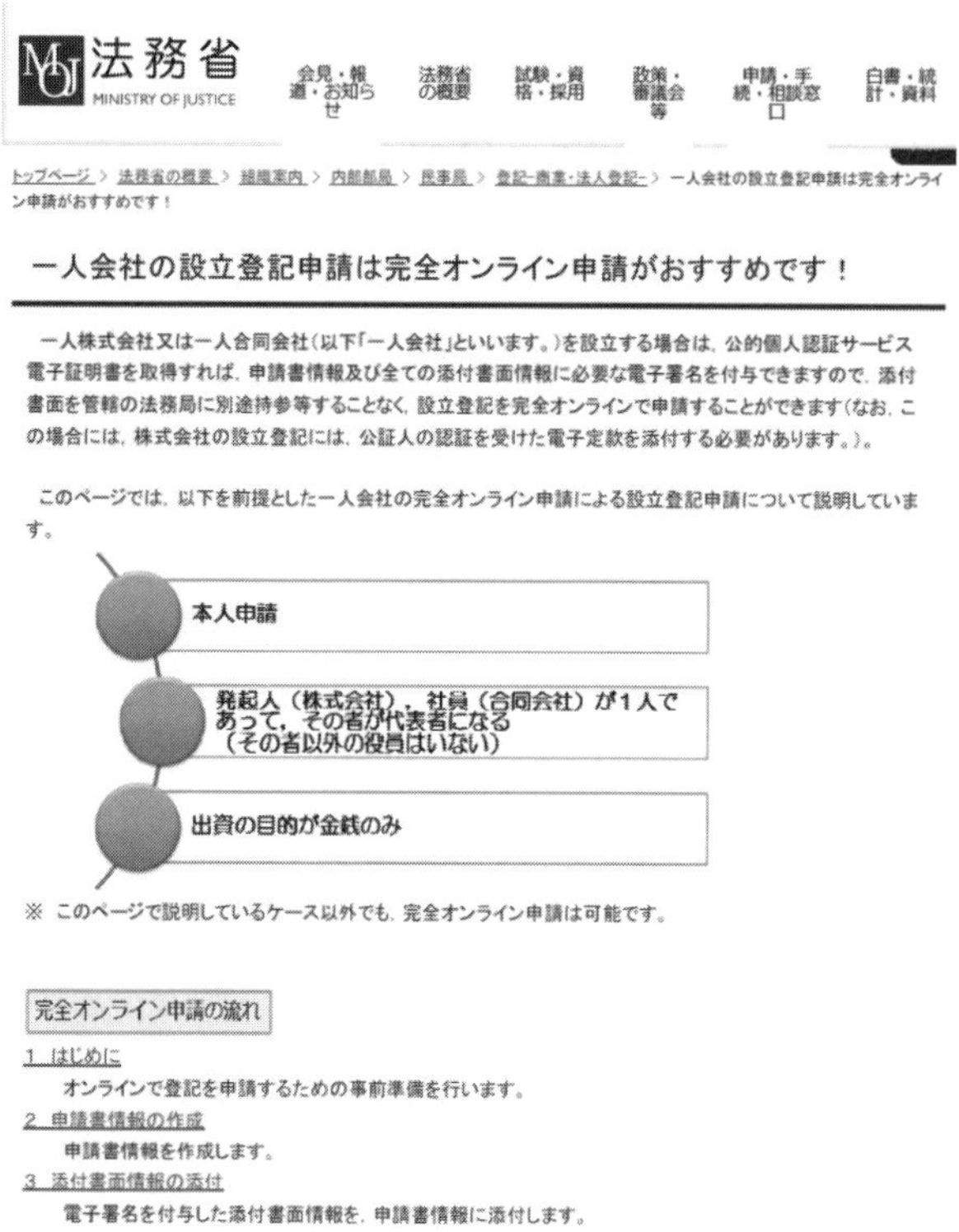

法務省 MINISTRY OF JUSTICE

会見・報道・お知らせ　法務省の概要　試験・資格・採用　政策・審議会等　申請・手続・相談窓口　白書・統計・資料

トップページ ＞ 法務省の概要 ＞ 組織案内 ＞ 内部部局 ＞ 民事局 ＞ 登記-商業・法人登記- ＞ 一人会社の設立登記申請は完全オンライン申請がおすすめです！

一人会社の設立登記申請は完全オンライン申請がおすすめです！

一人株式会社又は一人合同会社（以下「一人会社」といいます。）を設立する場合は，公的個人認証サービス電子証明書を取得すれば，申請書情報及び全ての添付書面情報に必要な電子署名を付与できますので，添付書面を管轄の法務局に別途持参等することなく，設立登記を完全オンラインで申請することができます（なお，この場合には，株式会社の設立登記には，公証人の認証を受けた電子定款を添付する必要があります。）。

このページでは，以下を前提とした一人会社の完全オンライン申請による設立登記申請について説明しています。

- 本人申請
- 発起人（株式会社），社員（合同会社）が1人であって，その者が代表者になる（その者以外の役員はいない）
- 出資の目的が金銭のみ

※ このページで説明しているケース以外でも，完全オンライン申請は可能です。

完全オンライン申請の流れ

1 はじめに
　オンラインで登記を申請するための事前準備を行います。
2 申請書情報の作成
　申請書情報を作成します。
3 添付書面情報の添付
　電子署名を付与した添付書面情報を，申請書情報に添付します。

株式会社の登記に必要なもの

Check!

	会社の実印
	現金25万円
	預金通帳のコピー
	取締役の印鑑証明書

いきます。

前ページのホームページにある説明を読み、「申請用総合ソフト」をパソコンにダウンロードしましょう。ページの指示通りに進めていけば、誰でも株式会社を設立できます。

サイトに入る前に用意するものは上の表に書いた四つ。一つずつ見ていきましょう。なお、全ての支出について領収書を残しておくことを忘れないでください。

まずは会社の実印です。登記に必要なのは代表取締役の印鑑だけですが、ネットで注文すれば、会社としての契約などに使う社名の角印と、銀行印もついた3本セットが4000〜5000円程度で作れます。いずれ使うものですので、作っておくといいでしょう。

二つ目は、現金25万円です。副業を始めたばかりの時期にはなかなか厳しい出費です。副業の収入だけで貯めるには少し時間がかかってしまうかもしれません。本業での収入や、場合によってはこれまでに貯めてあった秘蔵っ子の貯金をつぎ込んででも、なんとか用意しましょう。

これはまさしく先行投資。会社を作ることで得られるメリットを思い描いて捻出しましょう。おそらく、この本を手にしたあなたがお金に困らなくなるまでの間で、一番の胸突き八丁になるはず。でもここを乗り切れば、成功はもう約束されたも同然です。

通帳コピーは、会社の資本金がいくらかを証明するものです。せっかく25万円を用意するので、このお金にはまず資本金として働いてもらいます。

25万円が用意できた時点で、いったん発起人（社長をやる人）の口座に預け入れ、その取引履歴を通帳に記帳した状態でコピーしてください。必要なのは口座の「残高」ではなく、ある日に振り込まれた「預け入れ額」です。「この金額が、資本金としての預け入れですよ」と証明する資料になります。

なお、この25万円はのちに、登記のための費用として使うことになります。せっかく頑張って用意した25万円ですから、会社の資本金と、登記費用の2役を演じてもらうわけです。

もちろん、実際に口座に置いておく必要はないわけですから、それ以上のお金を用意できる人はお好きな金額を資本金として振り込んでもかまいません。**資本金が100万円以上あると、大手の銀行にも口座を開きやすくなるようです。**なお1000万円を超えると余計な税金がかかるので、やりすぎは禁物です。

印鑑証明書は、社長になる人のものがあればOK。妻にお願いできる場合は妻の印鑑証明書を、役所で取ってきてください。マイナンバーカードを持っていれば、近くのコンビニでもプリントアウトできます。

☑定款は公証役場で認証が必要

長年ビジネスの現場で働いてきたみなさんですから、オンライン申請はきっと問題なく進められます。わからないところはサイト内に説明もありますし、問い合わせ窓口も用意されていますので、着実にしっかりと進めてください。おそらく1～2週間もあれば、十分に手続きを終えられるはずです。

一点だけ、**会社の「定款《ていかん》」を決める必要がある（例文は表示されますので、指示通りに修正するだけ）のですが、こちらはご自宅のある地域の公証役場で認証を受ける必要があります**。このとき、収入印紙4万円と、現金3万～5万円が必要になります。用意した25万円から支出してください。

細かな手順や持って行く書類はオンライン申請の指示通りに進めばわかりますが、公証役場は当然休業日だったり、出張で公証人が不在だったりする日もありますので、事前に電話などで確認したほうが安心です。

定款は、国で言うと憲法のようなもの。あまり細かい内容まで定める必要はありませんが、一度決めると修正に手間がかかるので、自分がこれからやる可能性がある事業は考えつく限り網羅しておいたほうがいいでしょう。

オンライン申請が無事に終われば、手続き終了を知らせるメールが届きます。これで、あなたの会社は正式に国が認めた、押しも押されもせぬ株式会社。**すぐに法務局に出向き、会社の戸籍とも言える「登記事項証明書」を取っておきましょう。**

あわせて、**印鑑カードの交付申請も行い、印鑑証明書も取っておきます。**これらは次の項目で、会社の銀行口座を開くために必要ですし、自分の会社が第一歩を踏み出した記念にもなるはずです。登記事項証明書は600円、印鑑証明書は450円です（それぞれ紙の場合。「オンライン請求・送付」「オンライン請求・窓口交付」の場合は金額が変わります）。

☑ 銀行口座とクレジットカードを作って入出金の管理

会社が設立できたら、金融機関に会社名義の口座を開きます。３大メガバンクをはじめとした都市銀行は、できたてほやほやの会社には口座を作らせてくれないことも多いようですので、**まずはネット銀行で口座を開設するのがおすすめ**です。

ネット銀行は比較的スムーズに口座を開けることが多く、銀行に出向く手間も省けます。口座開設後は、副業収入や経費の支出といったお金の出入りは、基本的に全てこの口座で行うようにしましょう。

とはいえ、お金の管理は大変面倒なものです。**私がおすすめするのは、会社名義のクレジットカードを作って、経費の支出は基本的にそのカードで行うこと**。アメリカンエキスプレスカードは、できたての会社でもカードを発行してくれやすいことで知られています。

会社設立から1年後には、決算を行う必要があります。私は、この部分だけは税理士さんにお願いして、その分の時間を副業の拡大に使ってほしいと思っています。費用は、十数万円から20万円程度です。

多少お金はかかっても、税理士さんと契約すれば、会社関連の手続きでわからないことがあれば教えてもらうこともできます。知らないことで思わぬ事故を起こさないためにも、できるだけ税理士さんを活用してみてください。

とはいえ、まだまだ手元のお金に余裕がない場合もあると思います。会社のクレジットカードを使っていれば、そのデータを会計ソフトに読み込んで、簡単に決算書を作ることもできます。

会計ソフトは有料のもの、無料のものを含め多くの種類がありますが、**クレジットカードのデータとの連係などを考えると、「ｆｒｅｅｅ会計」や「弥生会計」は使い勝手がいい**と思います。トライアルもありますので、ご自身にとって使いやすいものを選んでください。

☑ やってみたら……拍子抜けするほど簡単

ご参考にしていただくため、実際に会社を立ち上げた方に経験談を聞きました。大手企業に勤めていた只野さん（仮名・60歳）は、勤め先が副業に大変厳しく、副業がばれて諭旨免職になった同僚もいたほどでした。

52歳のときアフィリエイトや物品販売の副業を始めた只野さんは会社にばれないようにするため会社を作ろうと考えたものの、妻も会社員で副業が禁止されていました。

ただ、「自分に収入がなければばれないし、問題にならないのでは？」と考え、自分自身を社長にした会社を立ち上げることにしたそうです。

只野さんの場合、会社設立には「マネーフォワードクラウド会社設立」のサービスを利用しました。事前に会社の印鑑を注文していなかったため届くまでに2週間待つなどのタイムロスはあったものの、特段の苦労もなく、全て合わせても3週間ほどで会社を設立できたそうです。

「拍子抜けするほど簡単ですし、印鑑などを準備しておけば、会社立ち上げまで1週間もかからないと思います」とのことでした。

副業で稼いだ年間200万円ほどのお金は会社の収入にし、只野さんは一切報酬をもらわず経費を使うだけにしたそうです。その結果、昨年勤め先を退職するまで、副業が会社にばれることはありませんでした。

「**売り上げを経費として全て使い切るのではなく、わずかずつでも黒字の決算をしていました**。そのため、退職した時点で数年間黒字を続けた実績がある会社の社長という立場でスタートできました。新たな事業もスムーズに始められましたし、金融機関の融資を受ける計画もあります。在職中に会社を立ち上げておいて本当によかったです」と話しておられました。

☑「利益ゼロ」決算が正解とは限らない

さて、先にご説明した通り、節税効果を考えると、利益が限りなくゼロに近いか、赤字の決算にすればいいということになります。かかる税金は、法人住民税の7万円だけ。副業収入200万円を維持していきたいという考えのみなさんは、この形でもかまいません。

一方、只野さんのように、**将来的に事業を拡大していきたいと考えているみなさんは、積極的に黒字決算を狙う必要があります。**

一般論として、3年連続で数十万円規模の黒字を出している会社であれば、政府系金融機関などから事業資金の融資を引き出せる可能性がぐっと高まります。

副業の稼ぎを拡大していくためには、元手が必要なこともあります。物品販売をやっていて、利幅の大きい売れ筋商品を見つけたとき、手元にお金があれば、仕入れを増やして、より大きな売り上げを得ることができます。第5章で紹介する不動産投資などにチャレンジするには、言うまでもなく手元の資金が必要です。

節税ももちろん重要ですが、副業収入の拡大を狙いたい方は、数十万円から100万円程度の利益を出すことも、目標にしてみてほしいと思います。

会社の中に残したこのお金は、個人で好き勝手に使うわけにはいきません。勤め先からの収入を純金積み立てや貯蓄性保険にして、引き出せないようにしたのと同様の効果も期待できます。

逆に、会社は赤字にして、個人のお財布で600万円を貯める場合は、積み立てたお金にうっかり手をつけてしまわないよう、自分自身による「使い込み」を防ぐ手立てをしっかりと考えてください。

☑副業で成功！　生活はこんなに変わります

この章の最後に、実際に副業のための会社を立ち上げた方をもう一人ご紹介しましょう。私の話を聞いて、不動産投資を始めた方です。なかなかおもしろい、完全ノンフィクションの経験談ですのでぜひお読みください。


沖田さん（仮名・41歳）は、大学卒業後もプロスポーツ選手を目指して挑戦を続けていましたが、20代半ばで断念し、30歳で東証一部上場のアパレル会社に就職しました。

26歳のときから、会社員の奥さんと節約生活を送り、一人8万円ずつ、月16万円を株に投資していた沖田さんは、リーマン・ショック後の株価急上昇の波にも乗り、手元の資金が2200万円に達します。そして会社員3年目だった33歳のとき、不動産投資に初挑戦。7800万円の一棟売りマンションを購入しました。

会社にばれるのを防ぐには、会社を作ったほうがいい。私のアドバイスを受けて、沖田さんは同じ年、奥さんを社長にした会社を立ち上げました。奥さんも会社員なのですが、勤め先が副業に寛容だったことから社長就任に問題はなかったそうです。

そして、立ち上げた会社で日本政策金融公庫の創業支援融資を受け、会社名義でも一棟売りのマンションを購入しました。当時は不動産投資への融資に追い風が吹き、一部の金融機関が積極的に投資資金を融資してくれる時代だったのです。

当時、2棟合わせた月間の収入は35万円ほど。会社員としての手取り給与は20万円台だったので、会社員3年目にして、すでに副業収入が会社員としての手取りを上回る状況になりました。

☑ ゼニスやパネライの時計、ブラックカード……

時代の波を見事にとらえた沖田さん。インストラクター時代は節約生活で月16万円を捻出していましたが、副業に成功したことで生活は一変します。

なんせ、**会社員としての収入とは別に副業収入が月35万円、年間で420万円です。経費を活用しながら自由に使えるのですから、生活はどんどん派手さを増していきます。**

バッグや財布、キーケースといった革製品一式は、フランスの超高級皮革ブランド、ベルルッティでそろえました。バッグはなんと、40万円です。

腕時計は、スイスのゼニスやイタリアのパネライ、フランスのルイ・ヴィトンといった高級ブランドの時計を取りそろえ、日替わりで着用。奥様にもシャネルのバッグや時計、モンクレールの高級コートをプレゼントしたそうです。

そして、ご自慢のベルルッティのお財布から取り出すのは、黒々とした光を放つ各カード会社のブラックカードです。年会費は、実に十数万円。でも財布からカードを取り出したときのかっこよさを想像したら、高いとは感じなかったと言います。

この当時のハイライトは、会社の同僚たちと会食したとき。会計時に「いいよ、俺が出しとくよ」とブラックカードを取り出した沖田さんは、同僚たちの羨望のまなざしを一身に集めていました。もちろん、副業がばれてはまずいので「俺、実家が金持ちなんだよ」とうそをつくことも忘れません。

副業を始めてからの約2年間は、ご自身が「当時は完全にやってしまっていました。お恥ずかしいです」と苦笑するほど、わかりやすく副業収入の恩恵を体現する毎日でした。人生には、こういう時期も必要なのかもしれません。

ただ、これだけわかりやすく派手な生活をしていても、最後まで会社に副業がばれることはありませんでした。やはり、会社の「透明マント効果」は大変なものであることがわかります。

一点気をつけていただきたいのは、沖田さんのようなお金の使い道が、すべて経費として認められるとは限らないということです。高級時計などの贅沢品は経費扱いにならないことが多く、沖田さんも当時もし税務署に調査されていたら、かなりの部分が経費にならなかった可能性があります。

本来経費にできないものを経費として計上するのは脱税にあたる可能性もありますので、みなさんはあくまで、仕事に必要なものだけを経費として計上するようにしてください。

☑贅沢ざんまいから着実な黒字達成へ

そんな沖田さんに転機が訪れたのは2018年でした。脱サラを決意し、これまで個人名義で持っていた最初に買った投資用マンションを、奥さんが社長を務める会社名義に移すことになったことがきっかけでした。

不動産を個人名義から会社名義にするためには、融資の借り換えが必要です。このとき沖田さんに融資してくれたのは、地元の信用金庫です。今後脱サラして会社を軸に稼いでいくためには、この信用金庫と継続的に付き合っていく必要があります。

これまで「儲けは経費で使いまくるぞ」という方向に振り切っていたマインドは、ここで一変したそうです。信用金庫から信頼を得て、会社として次の投資のための融資を受けられるようにする。そのためには、毎年着実に黒字決算を重ねていく。そう決意した沖田さんは贅沢をパタッと控えるようになります。

２０１８年に脱サラして会社員としての収入はなくなったにもかかわらず、月々の収益をしっかりとプールし、２０１８年、19年、20年と3年連続で１０００万円程度の黒字を達成。その結果、２０２１年には信用金庫から約1億３０００万円の融資を受け、ほぼ新築という大型の投資用マンションを購入することができました。

現在の会社の収益は、月々80万円ほど。しかも最初に買ったマンションが高値で売れ、２５００万円ほどの利益が出たので、生活への不安は全くない状態だといいます。

☑会社を活用する「三つの段階」

沖田さんの経験をご紹介したのは、みなさんに学んでいただける要素がたくさん含まれていると考えたからです。

私は、沖田さんが副業のための会社を活用する**「三つの段階」**を経験したと考えています。

一つ目は、**「贅沢したい」という欲望を満たした時期です。**

この本では、**【ワークシート❶】**でみなさんに「自分のためにやりたいこと・欲しい物」「家族のためにやりたいこと・欲しい物」を書き出してもらいました。

みなさんが副業で収入を得られるようになったら、ぜひ沖田さん同様、その欲望を叶えてください。やりたかったことを叶え、欲しかった物を手に入れることに大きな喜びを感じていただけるのは、私にとっても大変幸せなことです。

ただし、経費として計上するのは仕事に必要なものだけにしましょう。

二つ目の段階は、**会社にばれるのを防ぐという防御の時期**です。

沖田さんの場合、同僚に高級財布やブラックカードを見せびらかしたり、全員分の食事代をおごってしまったりという少々目立ちすぎる行動を取っていたにもかかわらず、結果として副業が会社にばれることはありませんでした。

これはやはり、奥さんの協力を得て会社を設立し、収入が会社に入るようにできていたことが大きかったと思います。本業の会社は、社員以外の人（それが社員の妻であっても）が社長を務める会社に流れたお金を把握することはできません。

社員の一人が高級すぎるバッグを持ち、高級すぎる腕時計を着けて出社し、同僚にブラックカードで食事代をおごっていたとしても、です。お金の流れが別になっていれば、本人が打ち明けない限り会社は副業を知ることはできないのです。

そして三つ目は、**会社をビジネス拡大のために活用する段階**です。

沖田さんは2018年から信用金庫との取引が始まったことを受け、売り上げを経費で使い切るのをやめ、毎年100万円ほどの黒字を会社に残すようになりました。その結果はどうなったでしょうか。会社の信用が高まり、3年後には約1億3000万円もの融資を引き出すことに成功したのです。

沖田さんが最初に不動産投資をした２０１５年ごろは、今とは違い投資用の融資を受けやすい状況だったのは間違いありません。「あのころはよかったんでしょ」と言われれば、そういう面は否定できません。

ただ、この約1億３０００万円の融資はごくごく最近。２０２１年の出来事です。今、あなたも同じことが起こせるのです。

3年間、１００万円ずつのお金を会社に残したことで、これだけの融資を受けられるのは、会社ならではです。個人が年間１００万円貯金したからと言って、誰も1億円以上のお金を貸してはくれません。**本気で自分のビジネスを大きくしていきたいと考えるなら、会社は絶対に不可欠な存在です**。

みなさんも副業のための会社を立ち上げ、まずは欲しい物を手に入れてください。このとき、会社は勤め先にばれないための透明マントの役割を果たしてくれます。

でも、会社の存在価値はそれだけでは終わりません。みなさんが欲望を満たしたあと、会社はあなたのビジネスを拡大させる心強い相棒となってくれるはずです。

第5章

不動産投資で収入と資産を拡大する

人生後半をラクにする「マンション一棟買い」

☑「金持ち父さん」の教えとは

本書もいよいよ最終章を残すだけになりました。最後にみなさんにお伝えするのは、本の冒頭でお約束した**「600万円の貯蓄」を活用して、不動産投資で資産と収入の両方を増やす方法**です。

「50代から不動産投資を始めるのは手遅れなのでは？」と疑問を抱く人もご安心を。もちろん、若いときから始めるに越したことはないですが、今からでも十分間に合います！　本章を読んでぜひ、第一歩を踏み出してみてください。

さて、2000年代に、『金持ち父さん貧乏父さん』という本が大ヒットしたのを覚えていらっしゃるでしょうか。著者は、日系アメリカ人の投資家ロバート・キヨサキ氏。お金に対する世界中の人々の誤解を指摘し、正しい考え方を広げてきた、私が尊敬してやまない人物の一人です。

キヨサキ氏は、『金持ち父さん』のあとに著した本で、人の働き方を左図のように**四**

ロバート・キヨサキ氏が提唱した「キャッシュフロー・クワドラント」

E Employee 従業員	B Business owner ビジネスオーナー
S Self-employed 自営業者	I Investor 投資家

分類する考え方（キャッシュフロー・クワドラント）を提唱しています。

従業員（Employee）、自営業者（Self-employed）、ビジネスオーナー（Business owner）、投資家（Investor）。世の中でお金を得る全ての方法は、この四つに分類されるというものです。

「**お金持ちになるには、図の左側（EとS）から、右側（BとI）に移る必要がある**」というのがキヨサキ氏の基本的な考え方です。

ＥとＳは「労働収入」。わかりやすく言うと、自分の時間や労力を誰かに売り渡して稼ぐ仕事で、世の中にある仕事の９割はこちらに属するそうです。一方、ＢとＩは「権利収入」。自分が直接汗水を垂らさなくても、お金が入ってくる仕事です。

ではこれを、みなさんのお仕事に置き換えてみましょう。

本業の勤め先の従業員であるあなたは、その点においては明らかに「Ｅ」です。また、第３章でご紹介した副業のうち、軽貨物配送、ウーバーイーツ配達員、クラウドソーシング、代行業の三つは、「Ｓ」の範疇《はんちゅう》で間違いないでしょう。第３章でも、これらは基本的に自分の時間や労力を売る仕事なので、本業と両立するためには収入に限りがあるというお話をしました。

一方、軽貨物配送、物品販売やコンテンツ販売・コンサルは、軌道に乗ってくればかなり「Ｂ」に近づけることができます。５年後のあなたが副業収入５００万円を達成しているとしたら、あなたの状態は「Ｅ」であり、同時に「かなりＢに近い」といったところでしょうか。

副業収入200万円ならまだ「S」かもしれませんが、それでも完全に「E」でしかなかった今までの状態に比べると、大きく前進していると言えます。

☑お金持ちへのパスポートは「不動産投資」

それではいよいよ、「EとS」を脱して、「BとI」の仲間入りをする方法を学んでいきましょう。

あなたが「BとI」になる方法。それこそが、不動産投資です。投資といっても、実際に物件を保有し、入居者を呼び込んで家賃収入を得るので、「不動産賃貸業」や「大家業」と言い換えても全く問題ありません。

ここで重要なお願いがあります。

不動産投資をやる場合は、当面、本業の勤め先を辞めないでほしいのです。

ほんの数秒前に「EとSを脱する」と言ったのと矛盾するように聞こえると思うので

すが、**不動産投資を始めるときに、今の日本では「E」の立場が必要になるのです。**理由はこれから詳しく説明します。

不動産投資の基本的な流れは、「物件を買う」→「リフォームや修繕で魅力を高める」→「満室にして家賃収入を得る」→「物件を売って利益を確定する」の4段階です。投資で得た利益を次の物件購入に生かすことで、さらに収入と資産を拡大していきます。

ここで出番を迎えるのが、第1章でみなさんに「5年で必ず貯めてください」とお願いをし、具体的な手法をお伝えした「600万円」です。**この600万円を元手として物件を購入していきましょう**。

さて、今この章を読んでいるみなさんの中には、副業を頑張って、あるいは元々手元にあった資金と合わせて600万円（あるいはそれ以上）を用意し、満を持して読み始めたという方もいるでしょう。一方で、まだ実際には手元に600万円は持っていないけれど、とりあえず読み進めているという方もいらっしゃると思います。

今、実際に600万円、あるいはそれ以上の資金が手元にある方は、もちろん行動あるのみです。この章の内容を自分自身のこととして、まずは動いてください。
実際には600万円を用意できていないという方も、お金持ちになった自分の将来像を鮮明に想像していただくため、とりあえずは「今手元に600万円があるぞ」という気分で読み進めてください。

☑不動産投資の仕組み

詳しいことはのちほど説明しますが、不動産投資について全く予備知識がない方のために、基本的な仕組みをお伝えしておきます。数字についてはわかりやすいよう簡略化していますので、この通りになるというわけではありません。あくまで目安とお考えください。

まず600万円を頭金や手数料として銀行でローンを組み、5000万円の中古マンションを1棟買います。月々の家賃収入が30万円、月々のローン返済が19万円、その他諸経費が３万円としたら、まず手元に毎月８万円のお金が残ります。これで年間96万円の収益が上がります。

言い換えると、**入居者のみなさんが家賃であなたのローンを返済してくれ、しかもあなたに月8万円の収入を与えてくれる**という状況です。

そして、月々のローン返済額のうち、４万円が金利、15万円が元本返済に充てられているとすると、借りているお金は1年間で１８０万円減っていく計算ですよね。

この物件を、10年後に４５００万円で売ったと仮定しましょう。この間に、月々の収益が合計９６０万円入り、借りたお金の元本は１８００万円減っていますから、あなたにとって合計で２７６０万円（１８００＋９６０）のプラスです。売却で５００万円の損は出ても、**10年間で差し引き2260万円の儲けが出る**ことになります。

元々中古物件を買うので、管理をしっかりしていれば、10年経っても物件の価値が大きく下がることはありません。さらに月々の収益と元金の返済によって利益が毎年積み上がっていくわけですから、一日も早く始めたほうが有利なのです。まるで魔法のよう

不動産投資の仕組み

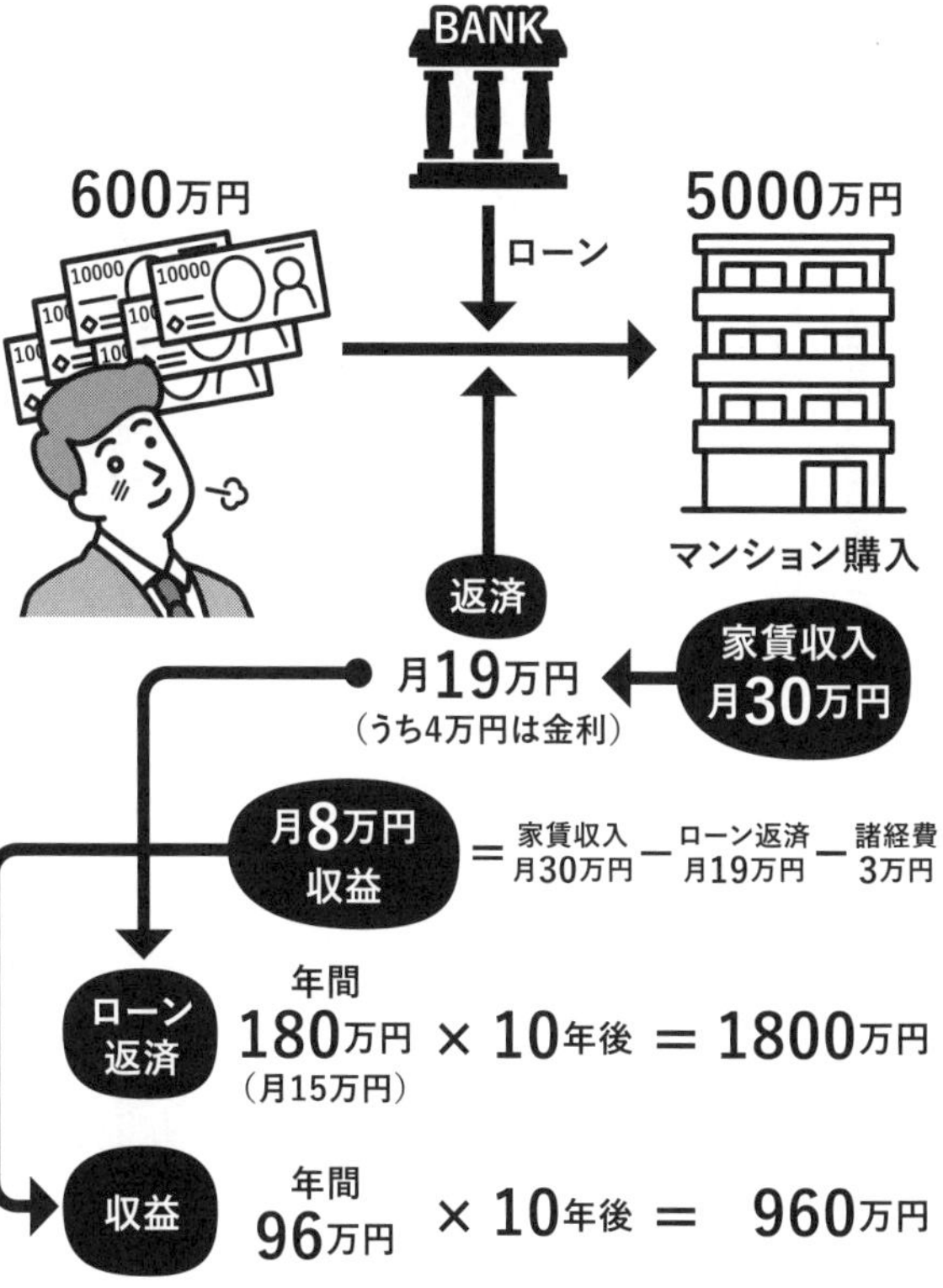

仮にマンションが4500万円で売れたとすると･･･

4500万円 − 5000万円 ＝ −500万円

⇓

（1800万円＋960万円）−500万円＝ 10年間で2260万円のプラス！

だと思いませんか。これが、不動産投資です。

☑ 物件選びは専用サイトで

それでは実際に物件を見てみましょう。投資用の物件を探す手順は、基本的には引っ越し先の賃貸物件や分譲物件を探すのと変わりません。

第一歩は、ネットでの物件探しです。違うのは、住むための物件を探すサイト（「ホームズ」や「スーモ」など）ではなく、投資用の物件情報サイトを見るという点です。

投資用物件の検索サイトは数多くありますが、私がおすすめするのは次の二つです。

健美家（https://www.kenbiya.com）
楽待（https://www.rakumachi.jp）

投資用物件検索サイト「健美家」

試しに、「健美家」を開いてみましょう。みなさんも見たことがある賃貸物件や分譲物件の情報サイトと似ているようでもあり、全く違うようでもあり、と感じられるのではないでしょうか。

一番の違いは、「お部屋」ではなく「マンション丸ごと」や「お店」などがごちゃまぜで表示されているところでしょう。まずはしばらく、あれこれとサイト内を見て回っていただければいいと思います。

☑狙うは「一棟売りの中古マンション」

さて、数え切れないほどの物件がある中で、何をどう選べばいいのか。みなさんにはまず、**「一棟売りの中古マンション／アパート」を狙っていただきます。**

「一棟売り」と聞いてビビらずに、いったん落ち着いて読み進めてください。

理由はいくつかありますが、一つは価格帯です。

みなさんが不動産投資を行う元手は、600万円です。投資用物件を手に入れる際、最も効率がいいのはその元手を頭金や手数料にして、金融機関からローンを借りて物件を買うことです。

600万円の手元資金で、ローンを組んで買える投資物件の価格は、5000万円程度になります。ですから800万円、1000万円とより多くの手元資金をご用意いただける方なら、より価格の高い物件を手に入れることも可能です。

なお、5000万円はちょうど、「安めの中古マンション/アパート1棟」が買える値段です。新築はちょっと、この元手では手が出ません。

では、戸建てや店舗などではなく「一棟売りのマンション/アパート」を狙うのはなぜでしょうか。理由は、空室リスクの低減です。

不動産投資の収益源は基本的に家賃ですから、自分が持っている部屋が空室になると、とたんに家賃が入ってこなくなります。もし戸建てを持っていたら、入居者が退去した時点で収入はゼロです。ですが、たとえば6室あるアパートを一棟買いしておけば、1部屋が空いても収入の6分の1がなくなるだけで済みます。

ちょうどいい価格帯で、空室リスクを分散できる。これが、「一棟売りの中古マンション／アパート」を狙う理由です。

試しに、「健美家」で具体的に物件を探してみましょう。トップページの左上にある「物件タイプ」の中から、「一棟売りアパート」をクリックします。数億円する物件もありますが、5000万円という予算を意識してみると、手が届きそうな物件も多いはずです。

「駅から遠いなぁ」とか、「おっ、このマンションは築古だけど満室だぞ」などと、しばしオーナー気分を味わってみましょう。一通り見たら、「一棟売りマンション」ものぞいてみてください。

どうですか？　これまで遠い世界の話だった不動産投資を、ご自身に関係のあるリアルなものとして感じていただけると思います。

☑ 駅近が最高とは限らない

ここからは、いよいよあなたが手に入れる物件を絞り込んでいきます。みなさんの中で、「これまで引っ越したことがない」「自分で部屋を借りたり家を買ったりしたことがない」という方は、あまりいらっしゃらないですよね。

過去に賃貸物件を借りたとき、分譲物件を買ったときのことを思い出してみてください。みなさんは当時、どんな条件を重視したでしょうか。

「○○駅まで徒歩10分以内」「新宿にある勤務先までドアtoドアで1時間以内」「オートロック付きで2階以上」「何が何でも新築未入居」「駅から遠くてもペット可で70平米以上の3ＬＤＫ」「ロフト付きでコンクリート打ちっ放し」――。

何にこだわるかは、人それぞれで正解はありません。中には、「なんかビビッときた」なんて理由でお部屋を借りたことがある方もいるかもしれません。

投資用の物件を選ぶのも、基本的には同じことです。投資する人が、それぞれ自分自身の「こだわり条件」を決めて、物件を探すことになります。

とはいえ、今回手に入れる物件は、自分が住むためのものではありません。せっかくの物件を常に満室にするには、「自分にとって魅力的かどうか」ではなく、「将来その物件に住む人にとって魅力的かどうか」を重視して、物件選びの条件を固めていく必要があります。

私の場合、最もこだわるのは「立地」です。といっても、駅に近ければいいというわけではありません。

たとえば、学生の一人暮らしにぴったりなワンルームマンションなら、駅前かどうかよりも、大学や専門学校が近くにあることが大切です。

駐車場があって、夫婦と子ども1人ぐらいで住むのにちょうどいいタイプなら、やはり駅から多少遠くても、近所にスーパーやドラッグストアなどが揃い、若い家族がたくさん住んでいる住宅地が好立地と言えます。

☑ 利回り7・5%と積算価値70%で「買い」

もちろん、収益を得ることが目的ですから、利回りは最重要ポイントです。サイトで物件情報を開くと、**「満室時利回り」**という数値が表示されています。たとえば5000万円の物件で、年間の家賃収入が500万円なら、利回り10％ということになります。

最近は地価上昇で物件価格が上がっていることもあり、利回りが低くなる傾向にあるようです。都内の中古ワンルームマンションなら、4％前後が相場になりつつあります。ただ、**私としては利回りが6％以上、できれば8％以上ある物件を狙っていただきたいと考えています。**

不動産投資は、家賃収入（物件利回り）と銀行へのローン返済の差額が月々の収入になりますから、物件と借り入れの利回りの差（イールドギャップ）が重要です。

細かい計算は省きますが、イールドギャップが4・5％ある場合で、様々な費用を除いて手元に残るお金が1・8〜2％程度。5000万円の物件なら90万〜100万円です。借入金利は2〜3％が基準ですから、物件利回りは6・5〜7・5％程度は欲しい、という計算になります。

細かすぎてちょっとわからんという方は、**とにかく「満室時利回り7・5％以上」の物件を探してみてください。**

土地の価値と、建物の価値を合計した「積算価値」が、価格に対して何割くらいあるかも重要です。この数値が高いほどローンの審査が通りやすくなりますし、のちに売却するときも高値で売りやすくなります。

土地の価値は、国税庁が毎年発表する「**路線価**」が基準です。建物の価値は、構造や面積、築年数で自動的に算出できるサイトがあります。土地と建物を合わせた価値が、物件の売値の65〜70％以上あれば、私は「買い」だと判断します。

☑満室じゃなくても、地方物件でもOK

逆に、立地や利回りや積算価値が好条件で、価格面で手が届く物件であれば、私は木造・鉄筋の違い、築年数などはあまり気にしません。現状で満室かどうかも、二の次にします。**それらの条件は、必要な修繕やリフォーム、管理の改善などにより物件の魅力を高めることで、十分にカバーできるからです**。

物件の所在地も、さほど気にしなくていいと思います。たとえば**自分が東京に住んでいるからといって、東京の物件である必要は全くありません**。

実際、私が初めて一棟買いした中古物件は縁もゆかりもない埼玉県熊谷市にありました。むしろ、ご自身が大好きな観光地の近隣に物件を買えば、物件の視察や管理のための出張で何度も訪ねることができて一石二鳥かもしれません。

では、これまでの内容を頭に入れて、実際にあなたが「この物件なら買ってもいいかな?」と思う物件を探してみてください。次はいよいよ、実際にその物件を買うための動きについて学んでいきましょう。

☑ 不動産業者は最強のビジネスパートナー

見込みがありそうな物件を見つけたら、早速その物件を扱っている不動産業者さんに連絡してみます。

不動産投資において、それぞれの物件の地元にいる不動産業者さんこそが最強のビジネスパートナーとなります。彼らは単なる取引相手ではありません。これからのあなたにとってものすごく大切な存在です。

物件の周辺はどんな場所なのか。物件の外観や共用部は、サイトに載っている写真の通りなのか。今どきはグーグルマップなどである程度調べることもできますが、やはり現地の情報は重要です。

不動産業者さんに質問すれば、自身で状況がわかれば教えてくれますし、わからなければ大家さんに問い合わせてくれます。

今住んでいるのがどんな人かも知っておきたいところです。たとえば大学4年生の方が住んでいたら、来春には空室になる可能性が高そうです。
あまりにもご高齢の方なら、お亡くなりになったり、入院されたりして空室になるリスクもあります。これも、業者さんが大家さんに問い合わせてくれますし、だいたいは事実を教えてくれます。

電話でこのような情報収集をすると同時に、もう一つ絶対にやってほしいことがあります。そしてこれが、あなたの不動産投資のあり方を決定づける要素でもあります。

それは、**金融機関によるローン審査の依頼です**。

実は、投資物件ではほとんどの場合、不動産業者が金融機関にローンを申請してくれます。ここでも、不動産業者さんが必要不可欠なパートナーです。
あなたが本当にその物件を買うためのローンを組めるかどうか、不動産業者さんが書類を作り、金融機関に審査を依頼してくれます。

☑審査に影響するのは「本業の年収」

「審査」と言われると、なんとなく緊張しますよね。実は、この審査は本当の本当に緊張していただく必要があります。この結果が、あなたの不動産投資の規模を決める分水嶺になるからです。

実は、**金融機関がローンを認めてくれるかどうかに最も影響するのは、あなたの「本業の年収」です。**

会社の名義でお金を借りるのはなかなかハードルが高く、多くの場合あなた個人の名義でローンを組むことになります。もし首尾よく法人としての借り入れが認められた場合でも、あなたが連帯保証人になる必要があり、銀行はあなたの返済能力を最も重視します。

もう一度言いますが、審査の中心になるのは「本業の年収」です。あなたが努力を重ねて、副業収入で500万円を達成していたとしても、銀行はそれを本業の年収と合算してはくれません。銀行とは、そういうところなのです。

公式発表されているわけではありませんが、経験上、この場合だと**年収700万円以上あるかどうかが、審査のライン**になるようです。あなた自身にそれだけの年収がなく、（あなたが既婚者で）配偶者もフルタイムで働いている場合は、夫婦の年収を合算することもできます。もちろん、妻（夫）の理解が不可欠です。

不動産業者さんに源泉徴収票や勤続年数がわかる書類を提出したら、あなたがやれることは結果を待つだけです。さて結果は――。

無事に審査をクリアした方、おめでとうございます。**残念ながら審査に落ちた場合でも、悲嘆に暮れる必要はありません。投資の規模が変わるだけです。**

親切な銀行であれば、仮にその物件ではローンを通せなくても、「いくらぐらいの物件なら大丈夫ですよ」と教えてくれます。場合によっては、不動産業者さんがダミー物件を見つけて試しに審査依頼をかけてくれ、いくらぐらいの物件なら審査が通りそうか教えてくれる場合もあります。その金額を基準に、物件を選び直しましょう。

☑戸建ての賃貸は利回りが高い

ただ、年収が低かったり、自宅の住宅ローンがたくさん残っていたりといった理由で、ローンが難しいという場合もあるようです。そういう方は、**手元の600万円だけでも、不動産投資は可能です**。

手元資金で物件を買えば銀行からの借り入れがないので、返済のための出費はありません。もし投資した物件が空室になっても、その間の家賃収入が入ってこないだけで返済に窮することがなく、ストレスが最低限で済むのがメリットです。

そこで、**空き家リスクはあっても低価格で手に入る「中古の戸建て住宅」に狙いを定めます**。

基本的な考え方としては、手元資金が600万円なら、400万〜450万円程度の物件を買い、150万〜200万円程度でリフォームをして物件の価値を高め、賃貸に出す、という流れになります。

実際に「健美家」のサイトを見てみましょう。

トップページの左上の物件タイプから、今度は「戸建賃貸」を選びます。表示された物件の中に、500万円以下の物件もけっこう見つかるはずです。

賢明なみなさんならお気づきかもしれませんが、**先ほどの一棟売りアパートに比べると、利回りがかなり高くなっています**。

マンションやアパートに比べて不動産としての価値が下がりやすく、物件自体が割安で手に入るため、利回りが10%を軽く超えてくる物件も珍しくないのが戸建賃貸です。

もちろん、空室になったら収入ゼロという点や、物件によって状態のばらつきが大きいという点には注意が必要なのですが、高利回りを狙えるため、私の知人には戸建賃貸を専門で展開している人もいます。

ローンが難しかった方はぜひ戸建賃貸の物件の中から、先ほどご説明した通り「買ってもいいかな?」と思える見込み物件を探し、不動産業者に問い合わせをしてみてください。

☑投資の結果が大きくなる「レバレッジ」

ただ、**自己資金だけで不動産投資をすることには、デメリットもあります。**ローンを組む場合との一番の違いは、手元に残る不動産の価値です。

たとえば、先ほど簡単にご説明しましたが、６００万円を原資にローンを組んで５０００万円の物件を買い、仮にローンを完済したら、５０００万円程度の物件があなたのものになります。完済していなくても、家賃収入で月々の返済が進んでいくので、売却する時点であなたに利益が転がり込みます。

一方、**手元資金６００万円（リフォーム費を含む）だけで手に入れた物件は、よくても６００万円の価値しかありません。**

このように、同じ６００万円を投資しても、ローンを使うことで手に入る資産の規模が大きく膨らむことを、金融業界の言葉で「レバレッジ」と言います。平たく言うと「てこの原理」です。小さな力で大きなものを動かす、ということですね。

もちろん、物件が担保になるとはいえ借金を抱えるわけですから、リスクがないわけではありません。それでも、先にお伝えした通り、ご自身の資産を増やしていくことが「BとI」への道です。ローンの審査がクリアできる方はぜひ、レバレッジの利いた投資をしていただきたいと思います。

☑現地調査で街の魅力を体感する

さて、ローンの審査がクリアできた方は一棟売りマンション／アパートで、できなかった方は戸建てで、それぞれ不動産業者さんに周辺の状況や入居者について問い合わせをする、というところまで進んでいただいたと思います。

実際に投資をするときは、かなり多数の物件について当たりをつける必要がありま

不動産投資フロー

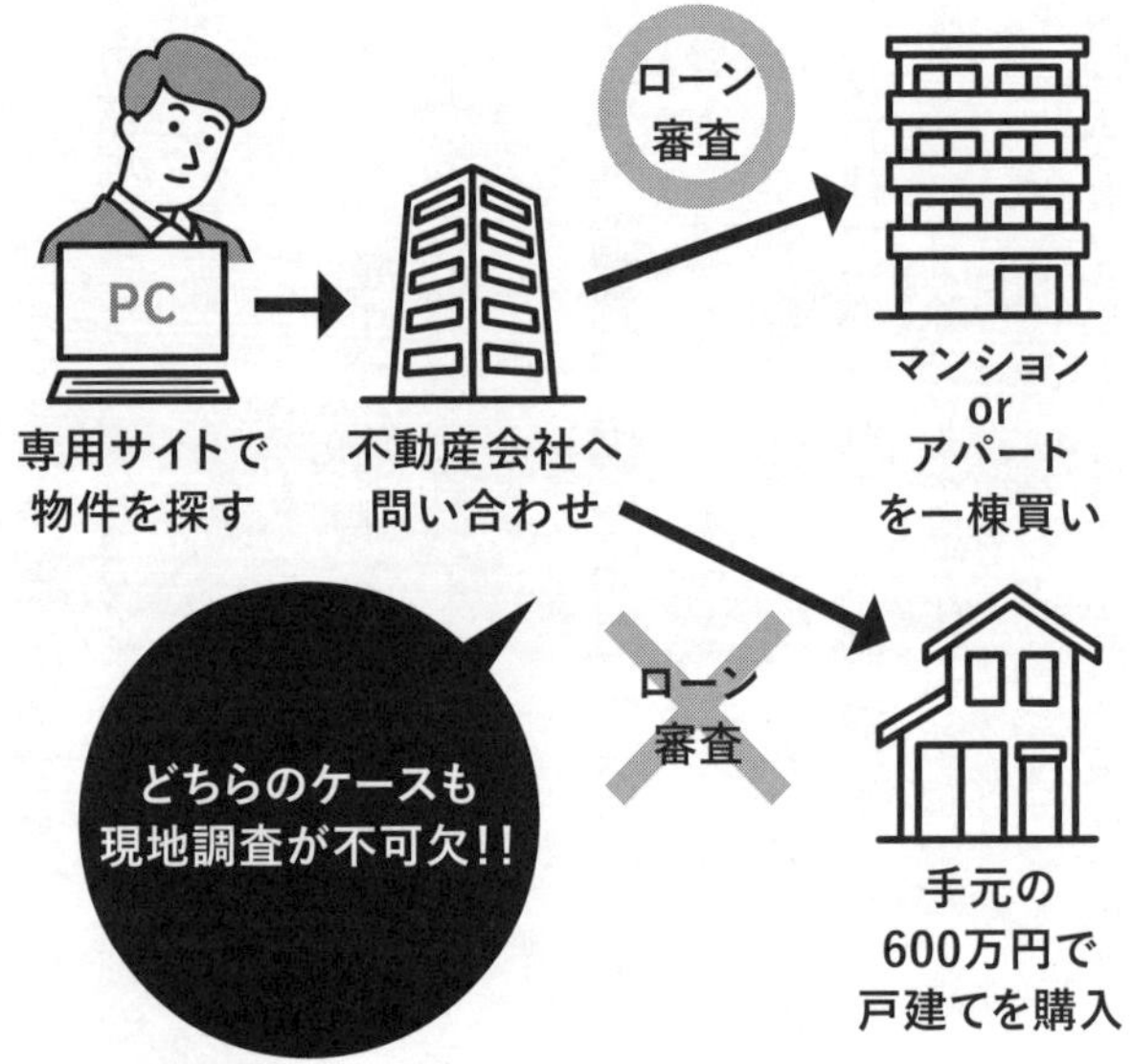

す。インターネットでわかるデータから利回りや積算価値を調べ、地図と不動産業者の情報で周辺の立地を調べ、入居者の状況について問い合わせ……。

自分なりのこだわり条件をもとにこれらの作業を進め、「これは本当によさそうだ」という物件が見つかれば、いよいよ現地調査に出向くことになります。

不動産業者さんや大家さんからの情報はもちろん有益なのですが、やはり自分の目で確かめないとわからないこともあります。

現地調査で調べるべきことは多岐にわたります。そもそも、この物件はなぜ売却されるのか。大家さんの説明が、現地の状況と一致しているかどうかを確かめる必要があります。

建物や、駐輪場などの周辺設備の状態はどうか。すぐにでも修繕が必要な状態であれば、資金の手当てを考えておく必要があります。見るからにトラブルになりそうな入居者がいないかどうかも重要です。

管理会社による管理は行き届いているか。管理が不十分だと感じるようであれば、変更も検討しなくてはいけません。近隣の物件をめぐって別の管理会社を見つけておけば、有力な候補になり得ます。

現地で、自分の肌感覚で感じた情報というのは、やはり大きな意味があります。先にお伝えした通り、私が初めて中古の一棟売りアパートを買ったのは、埼玉県熊谷市にある物件でした。この物件は利回りこそよかったものの、駅から遠く、空室もあり、かなり高齢の入居者が多いという状態でした。表面的な条件は、必ずしもいいとは言えなかったと思います。

でも、現地に出向いてみると、周辺に真新しい戸建て住宅がたくさん建ち、新興住宅街に姿を変えつつあることがわかりました。大きな地元スーパーやドラッグストアなど生活に必要な施設も次々に完成しており、家族連れのみなさんにとって魅力的な地域であることが確認できました。

それを見て、「今は高齢者の割合が高くても、今後は家族連れや若いご夫婦に入居していただけるはずだ」と考えたのが、その物件を買った理由でした。現地に出向くことで、地域に若々しいエネルギーがあることを体感できたのが、大きかったと感じています。

その物件はその後しっかり満室が続き、長年にわたって私にキャッシュフローを与えてくれました。みなさんにもぜひ、ご自身の目で地域と物件の状況を確かめることをおすすめします。

☑ 妻の同意を得たら、スピード勝負だ

データや事前情報では「買い」。そして、自分の目で物件を確かめて「これだ」と確信できた。ローンを使う場合は、ローンの事前審査も通った――。**ここまで来たら、社長である妻にも必ず同意を取ってください**。

社長を妻にお願いしていない場でも、家族はプライベートでもビジネスでも欠かせないパートナーです。この手順は決して飛ばしてはいけません。

妻の同意も得られたら、これ以上迷う必要はありません。すぐに不動産業者さんに連絡し、買い付けを入れます。ここからはスピード勝負。**不動産が他の商品と違うのは、同じ物件はこの世に一つしかないということです。全ては、早い者勝ちです**。

不動産業者さんに連絡したら「ちょっと先約が入ってるんですよねぇ」なんてこともあり得ますが、状況が許すなら、とにかくその場で手付け金を打って、買い付けしてしまいましょう。手付け金を打てたらこっちのもの。誰かに遠慮している場合ではありません。その物件が、あなたの人生を変えるかもしれないのですから。

買い付けをしたら、あとは売買契約と金融機関からの借り入れ契約を結ぶだけ。ついに、あなたも投資不動産のオーナーです。「EとS」から「BとI」へ、着実に一歩進んだのです。

☑ 管理会社をあなたの「分身」にしよう

物件が買えたら、ここからは、あなた自身が経営者となって賃貸不動産を経営していくことになります。**あなたにとって新しいパートナーとなるのが、管理会社です。**

あなたの目標は明確です。全ての部屋に入居者がいる「満室経営」をいかに実現し、維持するか。満室でなければ家賃収入が目減りし、利回りが低くなってしまいますから、とにかく満室を目指すのがここからのミッションです。管理会社と二人三脚で、新たなミッションに挑みましょう。

管理会社にお願いするのは、修繕や掃除といったいわゆる「管理」だけではありません。**空室が出たら、新しい入居者を募集してもらうのも重要な仕事です。**

もちろん、募集は募集、管理は管理と自分自身で様々な相手と向き合うことも可能ですが、やりとりする先が増えると負担も大きくなります。できれば管理会社を全ての窓口にして、募集も任せてしまいましょう。

このとき、たとえば「いくらまでなら家賃を値引きしてもOK」といったことも決めておき、裁量を与えておけばいちいちあなたが出て行く必要がなくなります。管理会社の担当者には、満室という共通の目標に向かってともに闘う、あなたの「分身」として働いてもらうことが重要です。

そもそもの家賃設定も、管理会社の意見が重要です。もちろんあなた自身で周辺物件の相場などを調べることは大切ですが、管理会社に募集を任せれば、彼らも満室を実現するために全力を尽くします。取り扱っている周辺の物件とも比較して、適切な家賃を提案してくれるはずです。

このように、管理会社はあなたにとって分身とも言える重要なビジネスパートナーですから、密に連絡を取り、希望を伝え、信頼関係を築きましょう。

ただ、万が一、どうしても期待通りの働きをしてくれない場合は、変更も必要になるかもしれません。経営者としての決断が求められる場面です。

☑リフォームは「相見積もり」で

満室を実現するには、物件の魅力を高める必要があります。そのために避けて通れないのが、リフォームやリノベーションです。

と言われても、初めて不動産投資をしているわけですから、何から手をつけていいものやら、と感じますよね。ヒントは、「失敗」の中にあります。

空室になり、入居者募集をかけたとき、部屋を内覧した人が契約に至らないケースがあります。これこそがチャンスです。**内覧した人にとって、何がNGだったのかを知ることが、物件改善のヒントになるからです。**

内覧といっても、実際には10～20分程度の限られた時間です。契約してもらえるかどうかは、ほぼ第一印象で決まっていると言っても過言ではありません。

当該の物件を内覧した人がいるということは、条件面などはクリアしているということ。その人が現地で感じた問題点を改善すれば、契約してもらえるはずです。管理会社と相談して、修繕やリフォームに挑戦しましょう。

一般論としては、面積の大きいところから手をつけます。外観や、室内の大きな壁面は第一印象に占める割合が高くなります。鏡、窓ガラスといった光る部分の汚れは印象が非常に悪いので、こちらも改善ポイントです。

管理会社の意見を求めることはもちろん重要ですが、いいなりになってはいけません。ましてや、管理会社が紹介するリフォーム業者に、そのまま工事をお任せするのは絶対にダメです。あなたは不動産投資の初心者なのですから、業者が「ちょっと高めに請求してもばれないだろう」と足元を見てくるかもしれません。

リフォームをするときは、必ず複数の業者から相見積もりを取って比較するのが鉄則です。管理会社がすすめてくれる業者があるなら、その業者と、ご自身で見つけた別の業者に見積もりをお願いしましょう。いくら管理会社との信頼関係が重要といっても、業者選定まで任せてしまうのは危険すぎます。

☑「どこまでやるか」が経営判断

物件に魅力があるかどうか、住みたいと感じさせるかどうか。重要なのは入居者の目線です。でも、**入居者目線だけでは賃貸経営はできません**。

入居者目線で考えれば、外壁はピカピカのほうがいいし、室内は一般的にはフローリングがいいし、壁も天井も新品同様がいいし、トイレは洗浄機能付きがいいし、水回りは新品に取り替えてほしいでしょう。無料でインターネットが使えればうれしいし、敷金礼金がゼロならうれしいし、宅配ロッカーもあったらうれしいのは当然です。

でもそれらを全て実現していたら、利益なんて出せません。**限られたコストの中で、**

「入居者目線」と「経営者目線」のバランスが必要

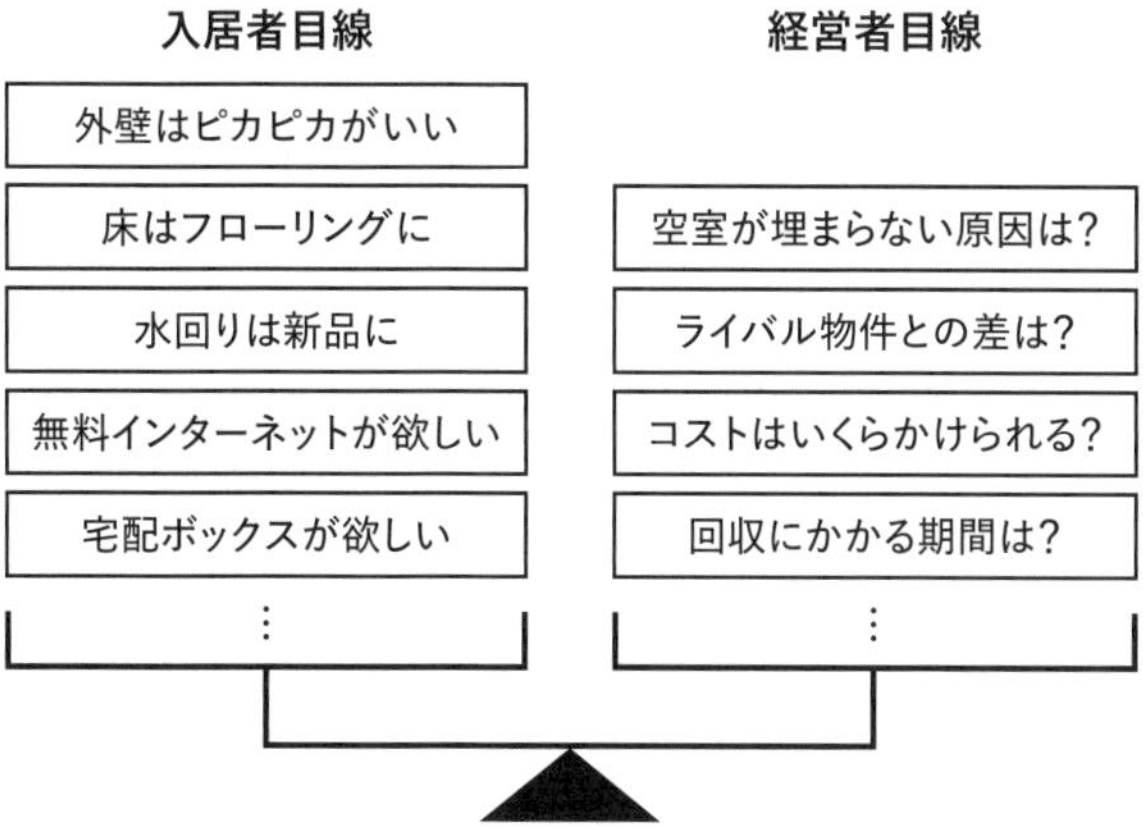
入居者目線
外壁はピカピカがいい
床はフローリングに
水回りは新品に
無料インターネットが欲しい
宅配ボックスが欲しい
経営者目線
空室が埋まらない原因は?
ライバル物件との差は?
コストはいくらかけられる?
回収にかかる期間は?

満室を実現するために何を優先すればいいか。あなたの経営判断が問われるのはこの部分です。

前述の通り、リフォームや修繕は、相見積もりで少しでもコストを下げましょう。

たとえば壁紙なら、張り替えるのは難しくても洗浄や部分補修で見た目を改善するといった工夫が可能です。無線ＬＡＮ設備を付ける場合も、各部屋ではなく共用部に設置して建物全体をカバーするといった手法があり得るかもしれません。

知恵と工夫で、できるだけコストをかけずに物件の魅力を高めるのが、経営者の醍醐味です。

リフォームやリノベーションにかけるコストは、回収できることが大原則。たとえば今ある空室が埋まったとして、数カ月〜1年以内に回収できる範囲のコストかどうかを考えるのが、「どこまでやるか」を判断する際のコツです。

効率よく投資をするためには、敵を知ることも重要です。近隣に人気の物件があれば、そこと自分の物件の違いを調べて、その部分に特化して改善することで、リフォームやリノベーションのコストパフォーマンスを上げることができます。

☑かつては私も初心者でした

いかがでしょうか。多少駆け足ではありますが、私自身が持っている不動産投資のノウハウの中から、特に大切だと思う部分を包み隠さずお伝えさせていただきました。

もちろん、正解は一つというわけではありません。様々な先輩の意見を参考にしたり、みなさんなりの工夫を加えたりしながら、成功を目指していただきたいと思います。

この章を読んでいるみなさんは、実際にはまだ不動産投資を始めているわけではない人が大半でしょう。まずは本を読んでくださっている最中で、まだ副業さえ始めていない方も多いと思います。現在、50代の方は新しい挑戦にあたり不安もあるはずです。

この章の、そしてこの本の最後に、これから副業と不動産投資に取り組むみなさんのために、私自身が全くの初心者で初めて副業に足を踏み出してから、最初の約5年間の経験をお伝えしたいと思います。

「はじめに」でも少しお話ししましたが、私が副業を始めたのは26歳のときでした。42歳の上司が年収700万円、月の小遣い3万円という生活を送っていることを知り、十数年後にこうなるのは嫌だと心から思ったのです。

☑スタートは上野のワンルームマンション1室

初めての副業は、東京・上野にある区分所有のワンルームマンションを1部屋買うという不動産投資でした。先にも述べたように、ロバート・キヨサキ氏の著書に感銘を受け、なんとか不動産投資を始めたいと考えたのです。

お値段は500万円で、家賃収入は月5万円。これが、私が初めて手にした副業収入だったということになります。このときは、月100時間を超える残業と実家暮らしの結果手元に貯まっていた貯金を全てつぎ込み、自己資金だけで購入しました。

当時の手取りは22万円ほどでしたから、月5万円の副業収入はものすごくうれしかったのを覚えています。

その1年半後には、ワンルームマンションをもう2部屋購入しました。今度は銀行ローンで買ったので、月々の収入は返済分を差し引いて合計5万円。最初の部屋と合わせて、月10万円の副業収入を得られるようになったのです。

こうなるともう、副業が楽しくて仕方がありません。28歳のときには物品販売を始めました。秋葉原や新宿の中古店でカメラやレンズを仕入れ、アマゾンやヤフオクで売るという手法です。

当時はこういうビジネスを教えてくれるセミナーがあり、そこで学んだことをベースに必死で取り組んだら、数年後には年間２００万～３００万円を稼げるようになっていました。

☑たった10年で人は様変わりする

太陽光発電への投資などにも手を広げ、30歳のときには神奈川県横須賀市に５０００万円で新築アパートを建てるという思い切った行動に出ました。資金はもちろん、ローンです。

この2年前に結婚した妻に、ワンルームマンションの収益を見せて、「結婚したら二人の収入を合わせて700万円ぐらいになるから、新築アパートを建てよう」と説得していたのが奏功したと思います。やはり、妻（家族）の協力は重要です。

ほぼ同じ時期に、先ほどご紹介した埼玉県熊谷市と群馬県でも中古マンションをローンで購入し、32歳のときには、副業の総収入が1億5000万円を超えていました。

こうやって振り返ると、急成長を遂げたとんでもないサクセスストーリーに見えますが、実際には人並み以上に臆病者の私が、わずかな段差をこわごわ乗り越えたことがスタートでした。次はもう少し大きな段差を乗り越え、やがて階段を一段ずつ上れるようになり、今度は一段飛ばしして上れるようになり――。

初めての一棟買いが中古ではなく新築アパートだったのも、「中古は空室が出そうで怖い」という臆病さゆえの行動だったのを覚えています。

私は先日、31歳のときに購入した投資物件の一つを売却しました。そのとき、久しぶりに会った不動産会社の社長さんに「今は何やってるの？」と聞かれ、副業アカデミーを含めたありのままの仕事内容をお話ししたら、「人が10年間でそんなに変わることってある!?」とものすごく驚かれてしまいました。

考えてみると、10年前の私はすでに副業を始めていたとはいえ、まだ会社員として営業をしていました。社長さんが知っている私は、なんだか頼りなさそうな、一人の若いサラリーマンにすぎなかったのです。

そんな私が10年後、こうやってみなさんに副業の魅力を伝えている。とても不思議ですが、みなさんも今、一歩目を踏み出せば、10年後には全てが変わっている可能性がある、ということだと思います。

この本を読んでいるあなたが50代だろうが、20代、30代だろうが関係ありません。

大切なのはスタートを切ること。一歩目を踏み出すこと。

その一歩が、みなさんの未来を変えます。絶対に。

おわりに

50代の、しかもまだ副業になじみがない会社員の方々に向けた本を作るという企画が担当編集者から持ち上がったとき、私は少々頭を抱えてしまいました。

私自身は、副業にはまって会社員を辞めてから10年も経つ41歳。「副業をしていない50代の会社員」のみなさんとは全く違う立場にいる上、周囲にいるのは副業に精を出していたり、副業に興味を持って勉強しに来ていたりする人ばかりです。

副業はやったほうがいい。それはもう疑いの余地がなく、１００％間違いありません。むしろ会社員一本で副業をやらないのは、危険すぎます。そして私は「副業での稼ぎ方」を熟知しており、「副業をやりたい」と考える方にお伝えできることがたくさんあります。でも、「50代のみなさんがなぜ副業をしないのか」や「どうすれば副業を始めてもらえるのか」は想像もつきませんでした。

副業をされていないみなさんがどのような思いを持ち、何が障害となって副業に手をつけずにいるのかを知りたいと考えた私は、元新聞記者の友人を通じて、実際に50代の方々のお話をうかがうことにしました。

大手メーカーの部長を務めたあと転職し、金融関係の会社で部門責任者を務めている方。大企業で長年専門職を務め、まもなく定年を迎えたあとも嘱託として働く予定の方。地元の不動産管理会社で30年以上、こつこつと働いている方。みなさん本当に魅力的で、尊敬すべき先輩でした。

そこで知った実情は、一言で言って衝撃でした。私など及びもつかないほどのスキルや知識や人脈を持ち、終業後の時間もたっぷりと持っているにもかかわらず、みなさんが「副業をするなんて想像したこともない」と口をそろえられたのです。

まるで、「そんなのはまともな会社員のやることじゃない」と思っておられるかのようでした。

ただ、掘り下げて聞いてみれば、副業に興味がないわけではないこともわかってきました。本業以外に収入があればうれしい、という気持ちもみなさん共通でした。

それでも、「やっぱり会社にばれるのはまずいし……」「夜とか休みの日はのんびりしたいじゃないですか」と、これまで長年築いてきた会社員としての日常から踏み出せない心理状態がわかってきました。


でも、それは大きな間違いです。会社員のみなさんが何も準備をせず定年後を迎えたら、待っているのは地獄です。

ましてや、その前に会社を辞めたりしたら。退職後の備えとして、そして今の毎日をもっと楽しく魅力的なものにするため、手に取った方全員が副業に飛び込めるような本を作らなければと決意を新たにしました。


この本を、会社員のみなさんが副業を始める引き金にする。そのために、「はじめに」ではみなさんがこのまま副業をしないことがいかに大失敗かをお伝えしました。

第1章ではみなさんが2年以内に実現したい夢をお聞きし、その実現に向け明確な目標とＴｏＤｏリストを作る大切さをお伝えしました。
第２章で手元に退職後や投資のための資金を作る具体的な方法を、第３章ではみなさんに合った副業を見つける方法と稼ぐための具体的なメソッドを、そして第４章では副業が絶対に会社にばれない「透明マント」の作り方をお伝えしました。
第５章には、私が持つ不動産投資のノウハウを惜しむことなく盛り込んだつもりです。

この本を読み、自分の足で一歩踏み出せば、誰もが年間２００万円の副業収入を得られる。副業に本腰を入れれば、数年後には年５００万円やそれ以上も全く問題なく達成できる。そういう一冊を作り上げることができたと考えています。
でも読むだけでは、ダメなんです。自分の足で一歩踏み出してください。

さぁ、最初の一歩を踏み出しましょう！

副業アカデミー代表　小林昌裕

本書をご購入いただいた方限定

特別 プレゼント

読者限定特典専用ページ
https://landing.fukugyou-academy.com/50sai/

※図書館等の貸し出しでは、特典利用はできません。特典の提供は予告なく終了することがあります。あらかじめご了承ください。

特典1 「2年以内に」「副業収入で」やりたいこと・欲しい物ワークシート

書籍本編P36で使用するワークシートです。
お役立てください。

特典2 自分の「お財布」を知ろうワークシート

書籍本編P75で使用するワークシートです。
お役立てください。

特典3 書籍に書ききれなかった『退職に向けたオススメ副業・資産運用8選』PDF

まだまだいろいろな副業・資産運用があります。

特典4 『退職をチャンスに変える!! 自己ブランディングワークシート5選』PDF

自己ブランディングを学んで
充実したセカンドキャリアを形成しましょう!

特典5 人生が変わる『副業ロードマップ音声50本』

著者が魂を込めて収録した副業ノウハウや
マインドセットを解説した音声です!

特典6 出版記念講演会に無料ご招待

書籍でお伝えしきれなかった情報をお伝えする
講演会に無料でご招待します!

※本特典の提供は副業アカデミー事務局が実施いたします。販売書店・取扱図書館とは関係ございません。お問い合わせはinfo@fukugyou-academy.comまでお願いいたします。

小林昌裕（こばやし・まさひろ）
副業アカデミー代表。株式会社レベクリ代表取締役。
1982年、東京都生まれ。サラリーマンをしながら26歳から不動産賃貸経営を始め、その他20余りの副業を実践し、32歳で副業総収入1億5000万円を超える。その後、日本初の副業専門スクール「副業アカデミー」を設立し、あらゆる人の収入の柱を増やすために幅広い活動をしている。「林先生の初耳学」「N スタ」『PRESIDENT』などテレビ出演やビジネス誌への執筆多数。著書に『年収350万円のサラリーマンから年収1億円になった小林さんのお金の増やし方』（SBクリエイティブ）、『ふがいない僕が年下の億万長者から教わった「勇気」と「お金」の法則』（朝日新聞出版）、『サラリーマン副業2.0』（PHP研究所）などがある。
X（旧Twitter）：@MASA_fukugyouAC

PHP
Business Shinsho

PHPビジネス新書 466

もうお金に困らない50歳からの退職準備

2023年12月28日　第1版第1刷発行

著　者　小林昌裕
発行者　永田貴之
発行所　株式会社PHP研究所
東京本部　〒135-8137　江東区豊洲5-6-52
ビジネス・教養出版部　☎03-3520-9619（編集）
普及部　☎03-3520-9630（販売）
京都本部　〒601-8411　京都市南区西九条北ノ内町11
PHP INTERFACE　https://www.php.co.jp/
装　幀　齋藤　稔（株式会社ジーラム）
組　版　桜井勝志（アミークス）
印刷所　株式会社光邦
製本所　東京美術紙工協業組合

ISBN978-4-569-85620-9

「ＰＨＰビジネス新書」発刊にあたって

わからないことがあったら「インターネット」で何でも一発で調べられる時代。本という形でビジネスの知識を提供することに何の意味があるのか……その一つの答えとして「**血の通った実務書**」というコンセプトを提案させていただくのが本シリーズです。

経営知識やスキルといった、誰が語っても同じに思えるものでも、ビジネス界の第一線で活躍する人の語る言葉には、独特の迫力があります。そんな、「**現場を知る人が本音で語る**」知識を、ビジネスのあらゆる分野においてご提供していきたいと思っております。

本シリーズのシンボルマークは、理屈よりも実用性を重んじた古代ローマ人のイメージです。彼らが残した知識のように、本書の内容が永きにわたって皆様のビジネスのお役に立ち続けることを願っております。

二〇〇六年四月

ＰＨＰ研究所